# Um *spa* para a alma

CRISTINA DELL'ACQUA

# Um *spa* para a alma

O cuidado de nossa vida
por meio dos clássicos gregos e latinos

TRADUÇÃO
Artur Padovan

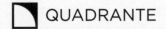

Um spa para a alma:
O cuidado de nossa vida por meio dos
clássicos gregos e latinos
Cristina Dell'Acqua
1ª edição — 2025

Título original:
*Una spa per l'anima:*
*Come prendersi cura della vita con i classici*
*greci e latini*
Copyright © 2019 Mondadori Libri
S.p.A., Milano

**Direção geral**
Renata Ferlin Sugai
**Direção de aquisição**
Hugo Langone
**Direção editorial**
Felipe Denardi
**Produção editorial**
Juliana Amato
Karine Santos
Ronaldo Vasconcelos
**Preparação de texto**
Beatriz Mancilha
**Capa**
Gabriela Haeitmann
**Diagramação**
Sérgio Ramalho

**Dados Internacionais de Catalogação na Publicação (CIP)**

Dell'Acqua, Cristina.
Um spa para a alma: O cuidado de nossa vida por meio dos clássicos gregos e latinos / Cristina
Dell'Acqua; tradução de Artur Padovan — São Paulo, SP: Quadrante Editora, 2025.
Título original: *Una spa per l'anima: Come prendersi cura della vita con i classici greci e latini*

ISBN: 978-85-7465-819-3

1. História e crítica da literatura clássica 2. Uso da literatura clássica na vida contemporânea
I. Título II. Autor

CDD 880.9/ 880.935

Índices para catálogo sistemático:
1. História e crítica da literatura clássica – 880.9
2. Uso da literatura clássica na vida contemporânea – 880.935

Todos os direitos reservados a
QUADRANTE EDITORA
Rua Bernardo da Veiga, 47 — Tel.: 3873-2270
CEP 001252-020 — São Paulo-SP
www.quadrante.com.br / atendimento@quadrante.com.br

*Reservados todos os direitos desta obra. Proibida toda e qualquer reprodução desta edição*
*por qualquer meio ou forma, seja ela eletrônica ou mecânica, fotocópia, gravação ou qualquer*
*outro meio de reprodução, sem permissão expressa do editor.*

# SUMÁRIO

**9**   Introdução

**11**   I. Sublinhar: um exercício para a alma

**25**   II. O ginásio de Eurípides

**45**   III. A fórmula da juventude de Sófocles

**61**   IV. A coragem de ter medo: Prometeu

**75**   V. Spa da alma: receitas de verdadeira beleza

**91**   VI. Treinar as palavras

**105**   VII. O jardim misterioso da amizade

**121**   VIII. A construção das raízes

**137**   IX. Nós, vós, eles

**147**   Pequeno dicionário de palavras que contam (e confortam)

**153**   Bibliografia

**157**   Agradecimentos

*Para a minha família.*
*O que seria de mim sem eles?*

# Introdução

Existem livros à prova do tempo, isto é, que mantêm o seu vigor inalterado com o passar dos anos, transmitindo-o a quem os lê. Os livros de Sêneca, Ésquilo, Sófocles, Eurípides, Ovídio, Galeno, Quintiliano, Cícero e Menandro o são e falam-nos em qualquer fase de nossa vida, contanto que nos ponhamos a escutá-los e que, dentro de nós, eles passem de *textos inacessíveis* e muitas vezes tediosos para livros dotados de *virtudes terapêuticas*. Charles Augustin Sainte-Beuve escreve que "um verdadeiro clássico é um autor que individuou alguma paixão eterna e falou a todos num estilo seu que é novo e antigo, felizmente contemporâneo de todas as épocas", e desta perspectiva nasce a ideia de relatar estórias que eu amo e intuições atemporais. O ponto de vista é o de uma professora de grego e latim que aprendeu com o tempo a *frequentar* os clássicos, experimentando-os na própria vida e na de seus muitíssimos alunos.

Este livro é pensado como um *spa*, um percurso de bem-estar interior em que cada etapa trata de um aspecto nosso e ajuda-nos a viver melhor, renovando-nos. "Spa" deriva (além da cidade belga homônima) da locução latina "Salus per aquam", "saúde por meio da água". Como a água que, tendo jorrado de fontes distantes de nós, aparentemente inacessíveis, dá-nos de beber nos vales, assim também algumas das páginas mais belas que os antigos gregos e latinos pensaram e escreveram nutrem a nossa alma com tragos de beleza.

10    Um *spa* para a alma

Com Ésquilo aprendemos a coragem de ter medo; com Sófocles, a fórmula da juventude; enquanto Eurípides nos ajuda a condicionar a nossa vontade e Sêneca nos ensina a ser os melhores amigos de nós mesmos: é uma literatura que tem que ver com a vida cotidiana.

Essa perspectiva é uma conquista: da idade, da experiência e dos encontros iluminados e esclarecedores que atravessam a vida de cada um. Os meus encontros são feitos de afetos, de amizades e dos olhos sempre novos e únicos de meus alunos ao longo dos meus quase vinte e oito anos de sala de aula. "Meus" à medida que, durante as lições, pude ver o amor de Alceste transparecer no seu desejo de amar e de fazer uma comparação (e por vezes um conflito) com o seu senso de responsabilidade, felicidade, ambição, sacrifício. "Meus" porque só então tive a noção exata do valor da literatura que se faz em experiência de vida. A deles, a nossa, a de quem está à nossa volta.

Tenho um sonho: gostaria que, ao ler estas páginas, quem estudou grego e latim no colégio reencontrasse um amor de juventude. A quem nunca os houver estudado, que pudesse descobrir dicas preciosas para uma vida mais intensa, e não apenas quinquilharias de meter no sótão.

*Existe um clássico sob medida para cada um*: não somos nós que lemos os clássicos, mas são eles que nos leem.

I

# Sublinhar: um exercício para a alma

### Sêneca e as *Cartas a Lucílio*

*Os nossos momentos de intimidade com um livro*
*são para todos os efeitos dialéticos e recíprocos: lemos o livro,*
*mas, talvez mais profundamente, é o livro que nos lê.*
— George Steiner, *Os livros precisam de nós*

Sempre sublinhei os livros que amei, como sabe-se lá quantos apaixonados leitores. Para alguns, trata-se de uma verdadeira profanação, enquanto outros, em busca de um meio-termo, chegam a comprar duas cópias, para conservar a primeira íntegra. Para mim é um simples instinto. Quando se tem a oportunidade, reler os sublinhados acumulados ao longo dos anos é como traçar uma quilométrica linha que abraça e define a própria vida, é um exercício de memória. Mais ainda, é um diálogo com aquilo que fomos. É como se conseguíssemos pôr legendas em nossas fotografias, que normalmente nos captam nos melhores ângulos. Com uma diferença substancial: enquanto lemos, o lápis não aceita poses, e como por instinto consome-se em pensamentos que parecem escritos por nós naquele exato momento, e nos quais provavelmente não nos redescobriremos com o passar dos anos. Mas o traçado do grafite está ali

## 12  Um *spa* para a alma

para nos dizer que passamos por aqueles pensamentos. Para os leitores que gostam de sublinhar, a releitura de um livro acresce ao seu conteúdo um gráfico temporal de sentimentos, medos e sucessos, alegrias e sofrimentos realmente vividos. O traçado da própria alma.

Nada de novo, poder-se-ia observar.

Fazer anotações era hábito dos filólogos alexandrinos e bizantinos que liam as obras antigas, copiavam-nas e transmitiam-nas com comentários e marcações críticas, porém para um público restrito de especialistas. É possível ver em alguns preciosos exemplares de livros do século xvi notas de humanistas acompanhadas de sublinhas e desenhos de pequenas mãos para indicar os pensamentos mais significativos.

Talvez se trate de uma história sem início, mas vocês podem imaginar o meu estupor quando, ainda como estudante universitária, numa das tantas cartas que Sêneca escreve ao seu caro amigo Lucílio, li pela primeira vez:

> Mandar-te-ei, por isso, os meus livros e, para que não percas tempo rastreando cá e lá os passos úteis, eu os sublinharei: assim encontrarás de primeira aquilo que compartilho e aprecio.

Que surpresa: até mesmo dois milênios atrás, Sêneca *imposuit notas!*

Havia, entretanto, algo de diferente em relação aos sublinhados corriqueiros, algo de menos pessoal e de mais universal. A verdadeira novidade, pelo menos para mim, era que Sêneca não sublinhava para si mesmo, mas para facilitar a seu interlocutor a busca do caminho certo. Dei-me conta quase que imediatamente, porém, que nessa estória faltava uma peça importante:

# I. SUBLINHAR: UM EXERCÍCIO PARA A ALMA    13

o sublinhado assim compreendido certamente evidencia, mas não explica o porquê. Por que Sêneca sublinha uma frase em vez de outra? Que mensagem nos envia em código? A ideia simples, mas poderosa, de Sêneca é que aquelas linhas sutis transformam-se numa ponte entre o autor e nós mesmos. Um modo de nos conectarmos com os nossos sentimentos mais profundos através das palavras de alguém distante no tempo e no espaço, mas que parece conhecer-nos muito bem. O sublinhado é um gesto em direção ao outro.

Li Sêneca e estudei-o à distância (interior) por muitos anos, sempre considerando suas obras como textos, jamais como livros. E aí existe uma bela diferença. Quando consideramos os pensamentos de homens sábios como protegidos num texto clássico, eles representam reflexões profundas, mas intangíveis, em que não se deixam tocar, e nem mesmo chegam a tocar-nos. Cedo ou tarde, chega a hora de nos emanciparmos e, finalmente livres, considerarmos os clássicos como livros. É como se passássemos do uso de um pronome de tratamento ao uso do "tu" no trato com alguém: muda o tom, mas, acima de tudo, a desenvoltura e o afeto com que nos aproximamos de um novo amigo.

Acolhendo a solicitação de Sêneca, tentarei relatar a vocês os meus sublinhados. E o farei através das leituras dos clássicos que mais amei, iniciando precisamente de uma carta de Sêneca repleta de traçados, os quais assim permaneceriam se eu não buscasse explicar o seu sentido.

Trata-se de uma das cento e vinte e quatro *Epistulae Morales* que ele dedica a Lucílio, poeta e escritor de quem pouco sabemos além da sorte que teve de ser amigo e discípulo do filósofo nos últimos anos de sua vida.

14     Um *spa* para a alma

Nascido em 4 a.C. na Espanha, em Córdoba, Sêneca viveu em Roma, onde estudou nas melhores escolas de retórica e filosofia, ligando o seu destino ao dos imperadores da dinastia júlio-claudiana (Tibério, Calígula, Cláudio, Nero) que se sucederam no poder entre 14 e 68 d.C.

Foi um famoso orador, dedicou-se à política e à escrita, mas teve uma vida tribulada. Conseguiu evitar uma condenação à morte por parte de Calígula, invejoso, ao que parece, da sua habilidade oratória, mas não escapou à condenação ao exílio que lhe decretou Cláudio. As intrigas de Messalina, esposa muito jovem do imperador, custaram a Sêneca um doloroso confinamento na Córsega.

O filósofo só pôde voltar para Roma depois da morte de Messalina, em 49 d.C., e graças à nova esposa de Cláudio, Agripina, que o quis como preceptor de seu filho Nero. Morto Cláudio, Nero tornou-se imperador. Era muito jovem quando viu em suas mãos os destinos de Roma e Sêneca tratou de cuidar da sua educação: parecia realizar-se o sonho de Platão de um filósofo que contribuísse, com a sua sabedoria, para o governo do Estado. Infelizmente, o sonho de um governo iluminado durou somente cinco anos, após os quais Nero mudou radicalmente de abordagem. Num contexto social e cultural que se ia degenerando cada vez mais, até a autoridade de Sêneca perdeu seu peso, e retirar-se para uma vida privada pareceu ser a solução mais estratégica. Depois de uma vida ativa, Sêneca pôde dedicar-se mais à escrita e à meditação filosófica até sua morte, em 65 d.C., ano em que lhe foi comunicada a ordem de suicidar-se por ter sido acusado de participar de uma conjuração contra Nero.

Os de Sêneca foram anos complexos de se viver e navegar, sem dúvida alguma, assim como é inegável que a sua figura é contraditória,

# I. SUBLINHAR: UM EXERCÍCIO PARA A ALMA 15

dividida em dois polos opostos: de um lado a tensão moral e filosófica, de outro a evidência dos fatos, que o revela como um homem politicamente proeminente e comprometido com o poder.

Sem adentrar âmbitos que ultrapassam a minha capacidade, sempre acreditei que essas contradições, de que era consciente o próprio Sêneca, pudessem transformar-se numa chave de leitura que aproxima o filósofo de nossa sensibilidade moderna.

As palavras de Sêneca, principalmente nas *Cartas*, são palavras de um homem que desnuda a própria fragilidade dedicando-se a eliminar, a cada dia, um defeito. As suas epístolas colocam-se como um colóquio com o amigo Lucílio, uma espécie de conversação íntima em que se detecta uma profunda relação entre vida e obra, e onde cada conquista tem o sabor de uma sabedoria sofrida e jamais definitiva. As *Cartas* são o *magnum opus* de Sêneca, escritas sob o manto que melhor se lhe adaptava: o de *treinador de almas*. E a página pela qual escolhi começar tem um tal sabor de confiança nos recursos interiores, que se afigura terapêutica:

Meu caro Lucílio,

Percebo que não apenas me estou corrigindo, como me estou até transformando. Certamente não garanto que em mim nada mais haja que mudar, e em verdade nem mesmo o espero. E por que eu não deveria ter muitos sentimentos ainda que recolher, que atenuar, e aos quais dar asas?[1] A melhor demonstração de que uma alma se está transformando é precisamente a sua capacidade de ver defeitos que até então ignorava. Com certos doentes, alegramo-nos quando tomam consciência da própria maladia. Eu insistiria, portanto, em compartilhar contigo esta minha súbita mudança, e então começaria a ter uma

---

1  "Non emendari me tantum, sed transfigurari; nec hoc promitto iam aut spero, nihil in me superesse quod mutandum sit. Quidni multa habeam quae debeant colligi, quae extenuari, quae attolli?".

16    Um *spa* para a alma

> confiança mais firme na nossa amizade, uma amizade verdadeira, a qual nem a esperança, nem o temor, nem a busca de um ganho pessoal podem destruir, o tipo de amizade que dura até a morte e pela qual se é pronto para morrer.

Com o tom íntimo de uma carta, a sexta do primeiro livro de seu epistolário a Lucílio, mesclado com o tom didascálico de um bom mestre, Sêneca recebe-nos num parêntese de lentidão e imperfeição. Que alívio! Habituados como somos a procurar respostas imediatas, possivelmente certas e ao alcance de um *click*, Sêneca imerge-nos numa dimensão de íntima conversão, revelando-nos com certa confiança o espanto da sua conquista: "Não apenas me estou corrigindo, como me estou até transformando".

Somo levados a negligenciar o valor de nossas pequenas metamorfoses cotidianas, que são um aperfeiçoamento contínuo da arte de tornar-se adulto e enfrentar a velhice, palavra carregada de fantasmas e preconceitos. Corrigir-se e mudar, tanto aos quinze como aos cinquenta, sessenta ou noventa anos, é um processo que deve ser acolhido com felicidade quando acontece e tornar-se aquele "me estou até transformando", único verdadeiro elixir da juventude eterna. Isso que nos descreve Sêneca não é um conceito abstrato, mas um conceito vivido que pode ser nosso.

É o fruto desses exercícios para a alma que se ensinavam cotidianamente nas escolas de filosofia e faziam parte do currículo dos jovens estudantes que as frequentavam. Já na metade do século IV a.C., depois da morte de Alexandre, o Grande, em 323, numa Atenas profundamente transformada em relação à cidade de Lísias e de Sófocles, desenvolveram-se as escolas dos filósofos helenísticos, que souberam interpretar as novas exigências espirituais de uma sociedade cosmopolita. Alexandre mudara os confins geográficos da Grécia e ampliara o seu reino até a atual Síria, Jordânia, Israel,

# I. SUBLINHAR: UM EXERCÍCIO PARA A ALMA    17

Irã, Iraque, Afeganistão, chegando a encostar na Índia. A abertura a novas culturas, religiões e instituições havia gerado uma ruptura no mundo de certezas constituído, para Atenas, pela *pólis*. Essa ruptura foi remendada pela filosofia, que tornou-se um refúgio e uma forma de resiliência, um modo de *resilire*, de "ricochetear" com a alma e o corpo e evitar os rompimentos interiores diante da dificuldade. A filosofia é mulher, no gênero gramatical no fascínio que exerce a partir de sua etimologia, uma promessa de amor pelo saber: quem poderia resistir a ela? Uma figura grega que soube transformar-se de um modo de pensar para conhecer em um modo de viver para ser feliz e, como todo amor que entra numa vida, transforma-nos e melhora-nos.

Quando se diz que nas escolas de filosofia eram ensinados exercícios para a alma, deve-se pensar propriamente num treinamento prático. Para nossa sorte, a história legou-nos algumas listas de atividades: ler, conversar, escutar, cultivar a amizade e os sentimentos. Mas existe um truque com que a filosofia sugere que se enfrentem esses gestos diários: a disciplina. Disciplina na *meditação* e na *atenção*, em grego "μελέτη" (*meléte*) e "προσοχή" (*prosoché*), com as quais se desenvolve o adestramento. Primeiro para os gregos e, depois, para os latinos, a meditação e a atenção são *tratamentos* com exercícios ativos: meditar quer dizer pôr-se, através do pensamento, numa situação e vivê-la com a imaginação, assim como estar atento quer dizer vigiar o próprio interior, nunca o perder de vista e protegê-lo de tudo o que não depende de nós. À receita da felicidade une-se o exame de consciência noturno para reviver em pensamento o nosso dia e ver até que ponto fomos fiéis aos bons propósitos da manhã, para valorizarmos os próprios erros. O erro é um direito da alma que se deve valorizar de verdade por fortalecer a nossa independência do

18  Um *spa* para a alma

juízo, tanto do nosso como do dos outros, e a permanecer indiferentes às coisas indiferentes, precisamente por serem coisas.

Considerando-os hoje, esses exercícios parecem-nos rituais laicos indispensáveis para nos protegermos da ansiedade e do estresse a que somos submetidos entre as infinitas preocupações que a vida nos impõe.

~

Em Roma, Sêneca, com a capacidade criativa de quem sabe ver as coisas como poderiam ser para além daquilo que são, constrói uma filosofia que recorre ao melhor de cada pensador, como as "abelhas que recorrem a muitas flores para produzir um único mel", como ele mesmo diz. Sêneca desloca o centro do interesse filosófico da esfera pública, como fora com Platão e Aristóteles na Grécia e com Cícero em Roma, para a individual. Dá voz à vida interior e, como somente alguns espíritos souberam fazer na história, indaga as vibrações do ser humano sublinhando as suas nuanças.

~

A "interioridade", talvez o nosso dote mais precioso, é uma palavra de longa história e complexa como a alma. Desde sempre buscamos mapeá-la, desde o tempo em que a "psyche" era para Homero um órgão da alma, que deixava o nosso corpo como um sopro vital no momento da morte. Àquela parte de nós que nos permite experimentar emoções e sensações, e se encontra dentro do nosso corpo, os gregos davam o mesmo nome da borboleta, também ela "psyche". A beleza da alma, como a da borboleta, se desdobra lentamente num movimento pleno de cor. E voa.

I. SUBLINHAR: UM EXERCÍCIO PARA A ALMA    19

Para a nossa língua, a "alma", que também deriva de "anemos", "so-pro vital", é a individualidade que nos contradistingue. Como quer que a chamemos, a alma é parte de nós, distinta do corpo, mas em interação perene. A esse reino, intangível mesmo estando ao nosso alcance, difícil de exprimir mesmo sendo a fonte daquilo que somos, Sêneca traçou um perímetro dentro do qual cada um de nós pode refugiar-se e recriar-se para abrir-se novamente aos outros, e inventou os termos para dizê-lo. Até ele, o vocabulário latino possuía um léxico riquíssimo para falar de guerra, política, amor, morte, mas não tinha à disposição as palavras para exprimir a interioridade. Sêneca percorre o caminho de quem quer enriquecer a escrita: toma de empréstimo vocábulos encontrados normalmente nos lábios de juristas e advogados e imagina para eles uma nova jurisdição sobre a alma. O filósofo abre assim o seu epistolário: "Vindica te tibi", com um imperativo verbal que é também moral e não deixa dúvidas acerca da estrada a se seguir — "reivindica-te para ti mesmo". "Vindicare" em Roma era usado pelos juristas quando um homem queria *reivindicar a posse de um bem*. Para Sêneca, esse bem somos nós, os nossos pensamentos, o nosso tempo, para que nos tornemos os melhores amigos de nós mesmos. Não dos outros, mas de nós mesmos. Está verdadeiramente no cerne de todas as relações aquela que temos conosco, é como que um centro do qual irradiam todas as outras. Ser amigo de si mesmo significa ampliar a própria interioridade desmesuradamente. Somente perguntando-nos intimamente quais são os nossos sonhos, emoções, medos e fantasmas é que podemos realmente colocar-nos no lugar dos outros e senti-los. Porque não se têm sentimentos autênticos sem que se *sinta* quem está diante de nós.

Os tempos e os meios mudaram, mas não a importância que deveríamos dar ao cuidado da nossa alma. Desde sempre nós, como

Sêneca, temos de lutar para reivindicar aquela justa porção de tempo que de outra forma seria fagocitada pelos nossos ritmos frenéticos. Vale a pena parar e pensar que criar as condições de tranquilidade para poder ler, estudar, cultivar relações significa gerar silêncio e escuro. Como para observar as estrelas, no nosso século falta a oportunidade de ver a si mesmo a olho nu.

As primeiras recomendações feitas em terapias filosóficas para arranjar um tempo digno de ser vivido estão contidas nas palavras "meditatio" e "tranquillitas".

A primeira é uma atividade da inteligência; a segunda, do coração; ambas a serviço da alma.

"Meditatio" deriva da raiz "med-", com que indicamos em latim, em grego e em português a ação de *cuidar*: dessa raiz derivam "médico", "medicina", "medicar" e "meditar". Sim, "meditar".

O verbo "meditari" é sentido em latim como um *frequentativo* de "mederi", que significa precisamente "cuidar", um verbo que indica a frequência com que se repete uma ação, como em português "mordiscar", de "morder", e "saltitar", de "saltar". Os dois verbos *frequentam-se* e mostram-nos como o exercício da meditação requer tempo, cuidado e frequência, independentemente de quando ocorre. O tempo, nesta perspectiva grega (é, de fato, típico do verbo grego olhar com liberdade para a qualidade da ação, em vez de olhar para a sua quantidade), fica em segundo plano e revela-nos que meditar é um hábito que pode inserir-se em qualquer momento da nossa vida, antes de dormir, no fim de semana, na praia. O que conta é aceitar o convite de criar para si um arquivo de pensamentos continuamente atualizado com as nossas experiências, felizes ou dolorosas, e que nos ajude a enfrentar toda situação inesperada. A meditação é uma conversa íntima com nós mesmos. "Tranquillitas", por outro lado,

# I. SUBLINHAR: UM EXERCÍCIO PARA A ALMA    21

é a palavra que descreve o estado de tranquilidade alcançado por quem se desapega das paixões.

Nunca gostei muito do termo "desapego". Além de parecer-me o décimo terceiro trabalho de Hércules, o desapego dentro de mim equivale a dureza, quando não a frieza. Prefiro falar de um estado de tranquilidade alcançado por quem sabe encontrar o próprio equilíbrio em meio ao mar de paixões e contradições que fazem de nós, seres humanos, seres profundamente inquietos. Com efeito, aquilo que os latinos exprimiam com a palavra "tranquillitas" corresponde no grego a vocábulos de nuanças diversas. O primeiro é formado pelo verbo "tarasso", "virar de ponta-cabeça", precedido de um *alfa privativo*. "Atarassia" é uma palavra que fotografa em rápida sequência todas as agitações de que é capaz uma alma antes de chegar à imagem final de repouso. A conquista da tranquilidade passa pela luta íntima que cada um de nós enfrenta para domar a parte passional de si, e o *alfa privativo* é a coleira que impomos a nossas inquietações.

Já "euthymia" é uma nuança da violenta "atarassia" e indica um estado de ânimo de serenidade satisfeita, que se aproxima da "tranquillitas" dos romanos mais disciplinados.

Pessoalmente, opto por uma tranquilidade acesa, um justo equilíbrio entre a serenidade e o efeito propulsivo das paixões, que muitas vezes alimentam a nossa imaginação. As paixões quase sempre são fonte de ilusões e podem engaiolar-nos como a mais fechada das prisões. Mas se a *meditatio* é também um *medicari*, as paixões devem ser tratadas, ou corrigidas como diria Sêneca, para que se possam transformar num instrumento benéfico da nossa personalidade. Quando meditação e tranquilidade fazem parte do nosso cotidiano, assim como o gesto de escovar os dentes ou lavar as mãos, a

## 22    Um *spa* para a alma

casca da interioridade está pronta para a nossa receita de bem-estar. E para nos tornarmos os melhores amigos de nós mesmos. Sêneca continua assim na epístola 6:

> Tu não podes nem imaginar quais progressos percebo fazer dia após dia. Queres que eu revele o caminho que experimentei de forma tão eficaz, e eu o farei: desejo derramar em ti tudo o que sei e fico feliz quando aprendo algo novo, justamente para ensiná-lo aos outros. Eu não apreciaria nada do que aprendo, mesmo que útil e extraordinário, se não pudesse compartilhá-lo. Se eu tivesse a possibilidade de ter toda a sabedoria possível, com a condição de mantê-la fechada em mim, eu a recusaria: a posse de nenhum bem pode dar alegria se não puder compartilhá-lo com os outros. Por isso, enviarei meus livros e os sublinharei, para que não percas tempo procurando os trechos úteis aqui e ali. Assim, encontrarás imediatamente o que eu compartilho e aprecio. Mais do que um discurso abstrato, ser-te-á útil podermos viver e conversar juntos. Agora é necessário que venhas aqui, primeiro porque tendemos a acreditar mais nos nossos olhos do que nos nossos ouvidos, depois porque o caminho é longo através dos preceitos, mas curto e eficaz através dos exemplos. Cleantes não teria compreendido plenamente a doutrina de Zenão se apenas tivesse ouvido suas aulas: participou da sua vida, penetrou seus segredos, observou se vivia de forma coerente com seus ensinamentos. Platão, Aristóteles e todos os filósofos, que depois tomaram caminhos diferentes, aprenderam mais com a vida do que com as palavras de Sócrates. Não foi a escola de Epicuro, mas a convivência com ele que fez grandes Metrodoro, Hermarco e Polieno. E te faço vir até mim porque a utilidade será recíproca e nos ajudaremos muito mutuamente. Enquanto isso, minha pequena contribuição diária para ti é um pensamento de que gostei hoje em Hécato. "Tu perguntas quais progressos fiz?", ele escreve. "Comecei a ser amigo de mim mesmo". Ele fez um enorme progresso, nunca estará sozinho. Sabe que todos podem ter um amigo assim. Fique bem.

Se esta carta tivesse sido endereçada a mim, eu teria valorizado a maneira de Sêneca meditar sobre os livros: Hécato, um filósofo estoico que talvez estivesse entre suas leituras favoritas, sai das páginas

## I. SUBLINHAR: UM EXERCÍCIO PARA A ALMA 23

e torna-se experiência vivida, torna-se um caminho a percorrer, um método do qual nós, como Lucílio, estamos sempre à procura.

E é claro por quê: para os gregos a palavra "μέθοδος" (*méthodos*) contém a "estrada" (ὁδός), e para os latinos o método é uma *via*. Estamos sempre à sua procura porque é um caminho a seguir, quaisquer que sejam as características, e indica um caminho a percorrer com esforço e sacrifício, mas com o prazer do resultado. E se for um método filosófico que se aplica à própria interioridade, necessita de uma boa dose de humildade, autocrítica, muita flexibilidade e curiosidade de conhecer. Tirar o pó dessas virtudes já seria, por si só, um exercício útil.

É um método que prevê o direito ao erro, como ensinaram a Sêneca as escolas filosóficas gregas. O erro é uma característica do ser humano, precioso porque se pode memorizar e partir dele novamente.

~

Sêneca nos diz que o tempo é o coração da nossa existência.

*Tantum tempus nostrum est*, "só o tempo é nosso", um tempo em que revisitar o conceito de "otium", tempo dedicado a nós mesmos, contrariamente do "negotium", tempo dedicado ao próprio trabalho. A prática de um esporte como compromisso mental e físico ajuda a dar uma regra à nossa vida e a nos recordar que "nunca se é demasiado jovem ou demasiado velho para se dedicar à filosofia.[2] Em qualquer idade é bom cuidar do bem-estar da própria alma", como escreve Epicuro em sua carta sobre a felicidade, endereçada ao amigo Meneceu.

---

2 "Μήτε νέος τις ὢν μελλέτω φιλοσοφεῖν, μήτε γέρων ὑπάρχων κοπιάτω φιλοσοφῶν".

## 24 Um *spa* para a alma

As palavras de Epicuro, uma das flores que confluíram no pensamento de Sêneca, oferecem-nos duas verdades tranquilizadoras que muitas vezes subestimamos: a primeira é que, para nos ocuparmos da filosofia, entendida como estilo de vida, não existe um tempo pré-determinado. O cuidado da própria alma, que traz felicidade na medida de nossas imperfeições, é uma atitude, como a juventude. É um ato de nossa vontade que deve ser treinado com exercício e que se deve tornar um bom hábito. O prêmio em jogo é que filosofia e felicidade, assim fazendo, coincidem. A juventude, muitas vezes carregada de expectativas, decepções, inquietações e dores, necessita de cuidados como a idade mais madura. Ninguém pode reivindicar direitos de precedência. Daqui surge a segunda verdade contida nas palavras de Epicuro: o segredo de uma vida autêntica depende da atenção que dedicamos à nossa alma. E ninguém é capaz de fazê-lo melhor do que nós mesmos.

---

#### PERCURSO DE BEM-ESTAR ACONSELHADO

Ler *Cartas a Lucílio* é como tomar ao anoitecer uma pílula de resiliência. Uma boa leitura ajuda a repousar bem, a alongar os membros e prepará-los para o sono, principalmente naqueles momentos em que precisamos fazer as pazes com o nosso direito de errar e sentimos a necessidade de quem nos acompanha ao procurar uma regra de vida adequada ao nosso cotidiano.

II

# O ginásio de Eurípides

## Alceste e as faces do amor

*A maior parte das pessoas acha que "amor"
significa "ser amado", em vez de "amar".*
— Eric Fromm, *A arte de amar*

Se pudéssemos organizar uma viagem à Atenas do século v a.C., a primavera seria o período ideal. Na cidade celebram-se as Grandes Dionisíacas, as festas sagradas em homenagem a Dionísio. Sete dias de festividades, quatro dos quais dedicados a um festival teatral: poetas trágicos e cômicos apresentam ao público suas obras, criadas especialmente para a ocasião, e um júri premia o melhor ator, o melhor coro e o melhor poeta. Sentados em um teatro ao ar livre, na arquibancada semicircular apoiada no relevo natural da colina, o *theatron*, vemos diante de nós dois espaços, a orquestra e a cena. O primeiro é circular, com uma estátua de Dionísio no centro, criando uma atmosfera sagrada, incomum para um teatro moderno. Ali também se posiciona o coro, ou seja, a voz do poeta que acompanha e comenta, com fundo musical, a ação que se desenrola na cena, onde atuam os atores e são colocados os acessórios teatrais, geralmente essenciais. Os atores, todos homens, usam uma máscara que lhes permite interpretar vários papéis e amplificar a voz, graças a um pequeno orifício na boca.

Percebemos, então, que as máscaras têm traços marcados e bem visíveis, mas a expressão do rosto é estereotipada, fixa. Sinal de que nossa atenção deve voltar-se para outro ponto, para suas palavras.

Vemos maquinários teatrais para baixar os atores do alto ou plataformas para tornar visíveis ações que se desenrolam no interior. Não assistiremos, porém, aos atos cruéis aos quais estamos acostumados hoje; esses ocorrem fora da cena, longe dos olhos de nós, espectadores, e são narrados por um mensageiro ou uma guarda, que nos coloca em condições de ver através dos olhos da nossa imaginação. Provavelmente porque o teatro grego não usa mais de três atores e nem uma cortina sequer, não esconde: um cadáver permaneceria em cena durante toda a duração espetáculo. Provavelmente por uma astúcia do poeta que não quer distrair a atenção do público com gestos cruéis, de fácil efeito. Os atores falam-nos do homem, de sua dimensão religiosa, humana e política, de sua vida em relação a si mesmo e à *pólis*, da qual é a alma. E o filósofo Górgias nos alertou: "A tragédia é um engano no qual o enganado é mais sábio do que aquele que não se deixa enganar".

Esse deixar-se enganar equivale a deixar-se levar. Quem realmente sabe fazer isso hoje em dia? A capacidade de deixar as emoções fluírem em vez de reprimi-las tem uma função terapêutica. Na religião, assim como na tragédia, os gregos falam de "κάθαρσις" (*kátharsis*), "catarse", uma purificação que traz uma renovação interior. Para os antigos gregos, participar da representação de uma tragédia no teatro era uma experiência multissensorial em que milhares de pessoas viam, ouviam e reviviam juntas uma história que também era a delas. Medo, esperança, dor, ilusões, alegrias explodem em uma libertação da alma das paixões irracionais que sempre nos dominam.

O teatro grego guarda em si o cânone não escrito da serendipidade, aquela felicidade que brota da revelação de algo inesperado. Deixar-se enganar faz descobrir a força de energias reprimidas que quase nunca encontram a saída adequada. Hoje estamos cercados por manuais de pensamento positivo, perseguimos a felicidade a todo custo e chorar tornou-se um ato vergonhoso. Cada emoção é repelida em nome de um comportamento correto que aprisiona nosso sentir mais profundo e verdadeiro. Os antigos sabiam chorar, rir, sentir medo e alegria no espaço público do teatro. Viviam as emoções, mesmo as mais dolorosas, e, acima de tudo, sabiam compartilhá-las.

Em Atenas, de fato, atores, coro e milhares de espectadores faziam parte de uma realidade em que experimentavam estar no umbigo de um mundo alternativo a que se abandonavam. O teatro antigo é um encantamento, o moderno é uma forma de entretenimento, mais ou menos cultural, em que assistimos à encenação de uma obra em prosa. Canto, música e dança, estreitamente ligados à atuação dos atores antigos, hoje só podemos apreciá-los num concerto ou na ópera. Mas a verdadeira magia perdida é a do teatro ao ar livre. À luz do sol, nossas paixões e irracionalidades não podem esconder-se com o benefício da escuridão.

E pensar que, no nosso imaginário, tragédia grega é sinônimo de um monte de desgraças das quais é melhor se proteger! Quem de nós as estudou, as removeu; quem de nós escapou delas, não acredito que as tenha em sua cabeceira entre os livros de leitura.

No entanto, as tragédias gregas são estórias.

Estórias que nos falam, dependendo da nossa sensibilidade e do momento em que as lemos, e nos contam sobre nós mesmos, nossas paixões e nossas fragilidades.

Os personagens dessas histórias vêm do mito, uma paleta de figuras atemporais da qual os poetas do teatro grego extraíram para pintar as gradações da alma humana. Alceste é uma mulher que sacrifica a própria vida por amor: quantas mulheres fazem isso? Antígona é uma adolescente que, com a determinação de suas ideias, desafia um sistema de poder consolidado, indiscutido e indiscutível: a força propulsora dos jovens. Édipo é um homem que nasce com um pesado fardo herdado independentemente de sua vontade e com o qual terá de lidar por toda a vida como homem, marido e pai, no exercício de sua responsabilidade política. Édipo representa a luta que cada um de nós empreende para afirmar sua própria identidade.

Ésquilo, Sófocles e Eurípides, os três grandes poetas trágicos do século v a.C., tomaram emprestados os personagens do mito, deram-lhes vida e devolveram-nos à tradição dotados de uma humanidade nova e multifacetada com a qual se confrontar.

É o caso de Helena, a encarnação da beleza e da sensualidade feminina.

Nascida de um ovo, símbolo da perfeição, é a esposa de Menelau, rei de Esparta. Muitos homens lutaram para tê-la ao seu lado, até que Páris, filho de Príamo, rei de Troia, com a cumplicidade de Afrodite, consegue raptá-la e levá-la consigo: transportar-se-ão batalhões de guerreiros para trazer Helena de volta à sua pátria, ao custo de mortes, destruição e desventuras de dez anos de batalhas.

A história da belíssima Helena começa na *Ilíada* de Homero como causa da guerra da Antiguidade por antonomásia, e transforma-se ao longo dos anos e dos séculos graças a outros poetas que a tomam pela mão, revelando seus sentimentos.

Safo, a poetisa do amor do século VII a.C., com sensibilidade feminina, conta-nos uma Helena que, vencida pela força avassaladora de Eros, segue Páris por amor, pagando com a dor dilacerante de ter abandonado seus filhos, sua terra, e de ter traído a confiança dos outros. Eurípides imagina que na verdade Helena nunca partiu realmente para Troia. Em seu lugar, com Páris, havia partido um fantasma. Helena sempre permaneceu fiel ao marido, esperando-o por dez longos anos.

Essa mulher guarda em seu nome o segredo de duas raízes: uma que indica *esplendor*, "elas/selas", de onde vem "ἑλάνη", "tocha luminosa", de um tipo que indica *destruição*. Helena também está associada a "ὄλεθρος" (*ólethros*) e "ὄλλυμι" (*óllumi*), "ruína" e "destruição". Helena brilha e ilumina ou destrói. Ou ambas as coisas. Helena é o duplo que existe em cada um de nós.

É a magia do espírito grego, sua inata aptidão para ver a realidade de todas as possíveis angulações. Um ginásio de liberdade. O teatro grego é o espaço onde os poetas encenam essa liberdade. Eles fazem isso através de histórias criadas para serem representadas, não lidas, uma única vez e naquele ano. Nenhum receio de esgotar a própria veia poética, sinal da grande confiança que os antigos tinham na fantasia e na complexidade humana como alimentador natural de histórias, e sem qualquer possibilidade de repetição sob demanda, apenas a reprise na própria tela interior.

Sob o céu grego, de primavera em primavera, no teatro se entrelaçavam contos tecidos em palavras, dança e música, pensados numa harmonia que sabia alcançar ouvido e mente. Um concerto de emoções.

A *Alceste* de Eurípides é um conto de amor encenado em 438 a.C.

30 Um *spa* para a alma

Alceste se oferece para morrer no lugar do marido Admeto, rei de Feres na Tessália. Em troca da hospitalidade dada a Apolo, uma vez que o deus fora expulso do Olimpo, o rei obteve o privilégio de evitar a morte. Com uma condição, porém: quando chegasse o momento, alguém teria de sacrificar-se em seu lugar. Apenas sua esposa aceita morrer, nem mesmo seus pais idosos estão dispostos a renunciar à própria vida pelo filho.

Leiamos juntos os versos em que Alceste se apresenta pela primeira vez no palco. A mulher que vemos diante de nós não é a mulher aterrorizada e já morta só de pensar em abandonar seus filhos e sua casa. Dessa mulher falou indiretamente a aia pessoal da rainha, com um olhar precioso que a observa, em nome dos espectadores, em seu desconforto. A Alceste que Eurípides nos apresenta, por outro lado, é uma mulher determinada e forte. Forte em seu nome, que contém a raiz "alk-", que indica justamente força. Forte em sua escolha de sacrificar uma vida realizada com dois filhos, riqueza e juventude, ela enfrenta o marido:

> Admeto, vê com teus próprios olhos o estado em que me encontro e, antes de morrer, quero dizer-te minhas últimas vontades. Respeitei-te tanto a ponto de trocar minha vida pela tua. Poderia ter escolhido não morrer, casar-me novamente com outro tessálico e viver numa casa rica e digna de um rei. Mas renunciei a viver sem ti e com nossos filhos órfãos, dei-te minha juventude e renunciei às alegrias da vida. Teus pais, no entanto, te abandonaram. Estavam num ponto da vida em que lhes teria sido glorioso e generoso morrer e salvar seu único filho, tinham apenas a ti. E nós dois teríamos vivido juntos pelo resto dos nossos dias, tu não terias ficado sem a tua esposa e nossos filhos não teriam ficado sem mãe. Mas algum dos deuses quis que nosso destino fosse este, e assim seja. Mas tu deves lembrar-te do que me deves: eu também tenho um pedido para ti, não do mesmo valor, porque nada vale tanto quanto a vida, mas é um pedido justo: reconhecerás que ama nossos filhos não menos do que eu, sendo sábio como você

## II. O GINÁSIO DE EURÍPIDES    31

é. Deixa que eles sejam os donos da minha casa, não te cases com outra mulher, uma madrasta que, pior do que eu, por inveja levantará as mãos contra meus e teus filhos. Por favor, não faças isso: uma madrasta é sempre inimiga dos filhos do primeiro casamento, é uma víbora. Claro, nosso filho homem tem seu pai para defendê-lo, mas tu, minha filha, como poderás ter uma adolescência feliz? Como será contigo a esposa do teu pai? Talvez estará pronta para espalhar calúnias a teu respeito e, na flor da idade, destruir tuas esperanças de casamento. Não estarei presente às tuas núpcias, não estarei perto de ti quando te tornares mãe. Devo morrer e isso não acontecerá amanhã ou depois de amanhã, mas agora; logo estarei entre aqueles que não estão mais aqui. Adeus, sede felizes. E tu, Admeto, fui uma boa esposa para ti e uma boa mãe para vós, meus filhos.[3]

Os mitos gregos, e com eles as tragédias, são narrativas riquíssimas em linhas interpretativas que se entrelaçam entre si. A história de Alceste é a história de um amor que se doa até o sacrifício extremo de si mesmo. Mas também é o relato de antigos mitos sobre a morte e o renascimento. Além disso, é o relato do valor da hospitalidade e da glória, temas sagrados para quem vive numa cultura na qual cada homem existe através dos olhos dos outros: o que conta é a lembrança que cada um sabe deixar de si. Mas desse aspecto teremos oportunidade de falar mais adiante.

Agora falemos de amor.

Alceste já havia capturado a atenção de Platão, o filósofo do Eros. Assim como os deuses do Olimpo sabem inspirar nos heróis a capacidade de realizar feitos militares extraordinários — diz o filósofo no *Simpósio*, talvez sua obra mais fascinante —, assim também Eros sabe instilar em quem ama a força para realizar gestos que, de outra forma, pela sua natureza, não saberia realizar. Eros

---

3  Eurípides, *Alceste*, vv. 280–325.

é um deus que pode soprar dentro de nós a capacidade de ir além dos nossos limites. É um motor que aguça nossos sentidos e nossa capacidade de ver, sentir e agir.

Segundo Platão, Eros presenteou a vida dos homens com um código não escrito que é o código do amor: seria maravilhoso viver em uma realidade habitada apenas por pessoas apaixonadas! O poder da emulação seria mais forte que qualquer lei escrita. A pessoa apaixonada, de fato, quer sempre dar o melhor de si para quem ama, nunca gostaria de ser vista comportando-se de maneira pouco corajosa ou até mesmo incorreta.

Estamos diante de uma das mais belas utopias gregas, que sabe transmitir-nos o sentido da potência de Eros. E Alceste, segundo Platão, é o exemplo disso.

Quando a rainha se apresenta em cena e pronuncia suas últimas vontades diante do marido antes de morrer, na verdade nos revela seu mundo. Alceste é o valor de família que ela mesma guarda com força, e as palavras comoventes de Admeto nos confirmam isso:

> Não ouses abandonar-me, em nome dos filhos que deixarás órfãos. Se morreres, eu não posso sobreviver. Está nas tuas mãos que eu viva ou morra, porque adoro o teu amor.[4]

Mas "amar" é um verbo rico em demasiadas nuanças para que o grego possa aprisioná-las numa única palavra. O coração grego, e não apenas o grego, agita-se entre *philia* e *eros*. "Philia" é o amor sereno, responsável e desinteressado da amizade, dos laços familiares, é a afinidade profunda com alguém que se respeita.

---

4  "σὴν γὰρ φιλίαν σεβόμεσθα" (ibid., vv. 275–279).

II. O GINÁSIO DE EURÍPIDES    33

"Eros" é, por outro lado, o amor apaixonado, sensual, é a busca contínua da metade que nos completa, e não temos paz até encontrá-la.

"Eros" é a busca da "beleza" no sentido grego, uma beleza que é uma harmonia sofisticada entre o que impressiona nossos olhos, nossos ouvidos e nossa parte emotiva. Cada um está em busca da sua e, uma vez encontrada, ela flui em nós pela porta dos olhos e se derrama nos olhos de quem amamos. Um fluxo de sentimentos amorosos, um diálogo que não precisa de palavras para criar o calor que sabe fazer germinar as partes ressequidas da nossa alma. O calor que entra em nós ocupa espaço e se espalha, e, com a mesma dor que as crianças sentem quando despontam os primeiros dentes, despontam asas em nossa alma. Os tormentos das crianças são os tormentos da nossa agitação amorosa. Mas as asas abertas fazem de nós pessoas iluminadas. Quem não gostaria, com todo o seu ser, de ter inventado essa imagem maravilhosa, mais uma vez de Platão, agora no *Fedro*?

A natureza deveria ter-nos dotado de dois corações, em contato contínuo. Dois vasos comunicantes que poderiam ser ativados separadamente ou juntos. Mas temos um só, e precisamos cuidar dele!

∼

As palavras de Alceste descrevem toda a gama das faces do amor, declinados ao feminino: o amor de uma mãe e o amor de uma esposa, como dizíamos, expressos com a tranquilizadora *philia*. Mas Eurípides é um sensível inventor de personagens femininas, conseguindo dissecar-lhes os aspectos mais universais de maneira absolutamente incomum para a época.

## 34 Um *spa* para a alma

Com o seu teatro, amava experimentar e, como frequentemente acontece com autores fora dos padrões e tendencialmente críticos em relação às opiniões comuns, não foi amado pelos contemporâneos. Em compensação, foi amado e imitado pelos posteriores, a começar por Sêneca, de onde deriva o primeiro teatro europeu. Sabemos que o poeta nasceu em Salamina em 485 a.C., mas sua vida não é fácil de reconstruir. Foi uma vítima ilustre da pós-verdade, aquele mecanismo de comunicação em que uma notícia assume valor pelo impacto emocional que suscita e não pela objetividade dos fatos. Os contemporâneos, de fato, inventaram, para descredenciá-lo, difamações maliciosas além de várias desventuras conjugais, bem como a notícia de que ele se dedicou à poesia apenas após ter falhado como atleta e pintor. Nascera em uma família respeitável, graças à qual aperfeiçoou um refinado currículo cultural. Tinha uma biblioteca particular, algo incomum naquele período, e viveu recluso com uma primeira e, talvez, uma segunda esposa, três filhos e uma esplêndida vila à beira-mar, aonde se retirava para escrever. Escolheu, entretanto, passar os últimos anos de sua vida fora de sua pátria, na Macedônia, onde encontrou um ambiente cultural afinado à sua sensibilidade. Ali, morreu, aos setenta e quatro anos, em 406 a.C.

Eurípides foi fascinado pelo mundo feminino, um território quase inexplorado e, portanto, uma nova fronteira a ser conquistada. No imaginário grego, existiam figuras femininas conhecidas, basta pensar em Penélope, a esposa fiel por excelência que espera o marido. Mas eram figuras monolíticas confinadas a um único papel. Eurípides decidiu reconsiderar o mundo feminino para explorar sua personalidade, mente e coração.

E por trás da couraça da rainha Alceste, ele deixa entrever indícios de seu aspecto passional, aquele que muitas vezes estamos acostumadas a manter preso na rede das responsabilidades diárias, mas que está potencialmente sempre pronto para ganhar asas.

Gosto de imaginar que Ésquilo teria dado um papel secundário a Alceste, fazendo dela uma vítima em nome da vontade dos deuses, e Sófocles a teria transformado numa rebelde em nome das leis do amor. Apenas Eurípides vê Alceste em sua complexa feminilidade. Eis a menção, impregnada de nostalgia e arrependimento, aos dons da juventude que a rainha certamente não poupou a Admeto: "Eu te honrei ao ponto de fazer-te viver à custa da minha vida, e morro por ti, quando poderia não morrer".

Mas em Alceste também irrompe o ciúme: "Não cases com outra mulher".

Certamente devemos esclarecer que Alceste se move em um mundo onde não lhe seria permitido usar muitos adjetivos possessivos. "Deixa que meus filhos sejam os donos da minha casa", diz a rainha. Já o léxico nos revela que, no contexto da família grega, a mulher era simplesmente aquela que hospedava o filho no ventre e o dava à luz. Um invólucro. Gerar a vida era considerado, portanto, prerrogativa do pai. Além disso, devemos lembrar que uma mulher era apenas a guardiã da casa. Mas é realmente nesse universo que Eurípides parece criar uma brecha. O presente que Alceste pede a Admeto em troca de sua própria vida é que nenhuma outra mulher tome seu lugar.

Qualquer pessoa que tenha a sorte de amar sabe bem que o ciúme é um aperto no coração que não nasce de um sentimento de *philia* pacata. O ciúme alimenta-se da imagem de outra mulher ou de outro homem que nos substitua em confiança, cuidado com os filhos, cumplicidade, troca de ternuras físicas e intimidade mental.

36 Um *spa* para a alma

É uma fragilidade que torna forte e irresistível quem tem a coragem de manifestá-la. Porque nada é mais doce do que o presente de nossas próprias fraquezas. Este é o traço que despe Alceste do papel de heroína trágica para vesti-la de mulher. Percebemos que sua calma e seu equilíbrio mascaram seu calor e seu desejo de viver. É o duplo que está em cada um de nós e que reaparece.

Alceste encarna um modelo de estilo de vida profundamente atual, uma mulher determinada, assertiva e que sabe assumir a responsabilidade por uma escolha. É um personagem completamente positivo, admirado e lamentado ainda antes de morrer, e que sabe preservar sua esfera feminina, da qual uma mulher nunca se deve privar.

Diante dela, Admeto, que é um homem comum e francamente inconsistente, ouve e repete mecanicamente fórmulas de adoração, que têm o sabor de arrependimento por um *status* mais do que por uma pessoa:

> Foste sempre a única para mim e serás para sempre minha única mulher. Nenhuma outra garota tessália tomará o teu lugar: nenhuma tem linhagem tão nobre e nenhuma é tão bela. E não quero outros filhos, suplico aos deuses que ao menos eles me possam trazer alegria. Estarei de luto por ti durante um ano, mas enquanto eu viver, odiarei minha mãe e meu pai que me amavam apenas com palavras. Tu deste o que tinhas de mais precioso por minha vida, e me salvaste. Como posso não chorar, perdendo uma esposa como tu? [...] Sem ti não haverá mais alegria em minha vida. Farei um grande artista esculpir uma estátua idêntica a ti, a colocarei em minha cama, a abraçarei e a chamarei pelo teu nome, me parecerá ter minha mulher em meus braços: é uma alegria fria, eu sei, mas capaz de aliviar o peso da alma, e tu virás nos meus sonhos para me consolar.[5]

---

5  Ibid., vv. 328–355.

Lentamente, o rei desliza para o medo do vazio afetivo que o espera, e Eurípides sabe evocá-lo e narrá-lo, imaginando aos pés da cama uma estátua que possua traços da rainha. A ideia não é nova, mas nova é a tensão emocional com que Admeto diz: "É uma alegria fria, eu sei, mas capaz de aliviar o peso da alma". Não, caro Admeto, o frio não alivia, o frio encolhe a alma. Mas agora parece tarde, é o próprio rei quem se dá conta disso. Depois que ele e sua esposa disseram tudo o que o momento permitia, Admeto conclui voltando-se para Alceste: "Nem mesmo morto quero ser separado de ti, única pessoa que me foi fiel".[6]

Admeto acertou em cheio: fiel é um valor que nos mede e traz consigo a promessa de cuidar de um filho, um amor, um amigo, um pai, a palavra dada. O termo "fiel" guarda a antiga raiz indo--europeia da "fidelidade", "bheidh", que se modificou e ancorou na "fides" latina e na "fidúcia" italiana. A fonte da fidelidade é, portanto, a confiança. Mas, como sempre, os gregos dão-nos muito mais, sua "πίστις" (*pístis*), sua "confiança", casa-se com algo que aprenderemos a frequentar nestas páginas: a persuasão. Na maneira grega de perceber o mundo, a confiança está ligada de modo indissolúvel à persuasão, e essa correspondência de sentimentos amorosos a realiza de maneira surpreendente no paradigma do verbo "πείθω" (*péitho*), uma "poesia gramatical": o verbo "persuadir" no tempo presente narra uma ação que está ocorrendo diante de nossos olhos, enquanto no tempo perfeito capta e expressa as consequências em nossa mente. Eu desejo persuadir você a acreditar em mim, agora, com minhas palavras e com meu exemplo, e você, que me escuta e me observa, chega a confiar em mim.

---

6   Ibid., v. 368.

38   Um *spa* para a alma

A mesma persuasão, que para nós hoje tem um gosto amargo de manipulação, para um homem grego era uma maravilha da alma, o prazer de se entregar a uma carícia ou a doçura de abrir os braços como se fossem um porto seguro.

Alceste é persuasiva porque é fiel e coerente consigo mesma. Ela persuade Admeto com o exemplo de seu sacrifício e se torna, por sua vez, um exemplo de fidelidade.

Fala-se de uma fidelidade que vai além do aspecto erótico ou sentimental. Alceste é uma mulher capaz de morrer por amor da sua família. É uma mulher que se confronta com uma escala de valores tradicionais para medir sua própria personalidade. É o desafio de cada um, aquele de firmar um pacto de confiança entre si e suas próprias aspirações.

A literatura sabe dar-nos esses presentes: mostrar-nos as facetas do ser humano, fazer-nos colocarmos no lugar dos outros para chegar a nós mesmos.

Aqui diríamos: "Nulla die sine linea", não deixar passar nenhum dia sem descrever uma linha e sem deixar um traço de si. É o exercício diário mais útil para as metas interiores, e ter uma linha que se desdobre e cresça junto com ela é a essência de Alceste. Sua linha é orientada para a fidelidade, uma forma de amor que deixa uma marca em si mesma e no seu mundo de afetos.

A mesma linha não é traçada na vida de Admeto. Mais adiante no desenrolar da narrativa, quando estiver sozinho com sua dor, ele pronunciará duas palavras que marcam uma virada no personagem: "ἄρτι μανθάνω" (*árti mantháno*), "agora entendo"!

Admeto entende, entende que a sorte de Alceste é melhor que a sua porque ela escolheu, ou seja, realizou um ato de fidelidade a si mesma e, finalmente, não sente mais dor. Se antes o rei estava inconsolável por ter perdido a esposa, agora está desesperado por ter perdido também a honra. Eurípides escolhe usar, e não por acaso, o verbo "manthano", do qual deriva a palavra "matemática".

"Que tem a ver", vocês me dirão, "Admeto com a matemática?".

Para os contemporâneos de Eurípides, a palavra "matemática" evocava tanto Euclides quanto Aristóteles. Em se tratando de teoremas ou ideias, a matemática era sinônimo de um rigoroso método dedutivo através do qual se lia e compreendia a realidade, e tinha a força da iluminação racional. Admeto, portanto, entende na própria pele, através da experiência da dor de uma vida repentinamente vazia. Entende quando já é tarde, como frequentemente acontece na vida cotidiana.

A conversão não reabilita completamente Admeto aos nossos olhos. Mas nos ajuda a refletir. O amor verdadeiro, aquele maduro, quer o bem do outro. Pressupõe renúncias, compromissos naturais, sofrimento e talvez desilusões. Mas também pressupõe respeito. *Re-spectus* é o gesto generoso de saber parar e olhar para quem se ama com calma e reflexão. Seu contrário é a negligência, aquele vício que nos faz ser cegos e desinteressados pelo outro. Respeito é saber dedicar tempo para entender as necessidades do outro, vê-lo, aceitá-lo como é e deixá-lo viver. Entender qual é sua linha. O respeito implica altruísmo e certamente não quer o sacrifício alheio. Seja de natureza psicológica ou física, o aniquilamento de si mesmo não é uma prova de amor, é uma forma de violência, frequentemente uma tentativa de minar profundamente a independência e a liberdade de escolha. A gama é ampla, desde a violência verbal até o feminicídio. Toda mulher na Terra deveria estar sempre ciente disso. Todas podemos, exatamente como Alceste, construir uma vida com uma linha a seguir, a nossa, sempre fiéis a nós mesmas.

Nem todas podemos ter a sorte de encontrar um cavalheiro como Eurípides que nos possa dar uma segunda vida.

A tragédia revela-se, de fato, uma história com um final feliz, decididamente incomum na tradição grega, e Alceste voltará à vida graças à intervenção de Héracles.

O herói hóspede de Admeto fica indiretamente a par do trágico fim da rainha. Héracles decide então, por sua própria iniciativa, arrancar Alceste de Tânatos, o demônio da morte, e devolvê-la ao marido. Mas, antes, coloca o rei à prova: faz Alceste entrar em casa coberta por um véu, fingindo ser outra mulher. Admeto, sem querer nem olhar para a mulher velada que tanto lembra sua falecida esposa, supera a prova de fidelidade. Héracles devolve-lhe a esposa, que deverá respeitar um período de silêncio antes de retornar ao mundo dos vivos.

Chegando a este ponto, quem tiver a curiosidade de ler a tragédia de Eurípides descobrirá um Héracles cômico: o herói dos doze trabalhos é agora um glutão e bêbado impune.

Desde que frequento os clássicos, enquanto os leio ou explico, formei a ideia de que seria interessante ir contra a desaprovação grega que o proibia às mulheres e beber um copo de vinho de Lemnos com Ésquilo, para conhecê-lo e quebrar o gelo com um homem aparentemente muito austero.

Com Sófocles, preferiria um jantar, sucumbindo ao charme de sua conversa filosófica.

Com Eurípides, no entanto, gostaria de passar um dia inteiro. Teria a curiosidade de observá-lo em sua rotina diária enquanto passeia na ágora, encontra pessoas, conversa. Gostaria de ver nascer seus pensamentos, enquanto escreve em sua famosa biblioteca, na companhia de seus silêncios melancólicos.

Gostaria de poder dizer-lhe que o tempo fará dele um dos poetas mais amados e imitados da Antiguidade. Sua capacidade inata de anular as distâncias temporais nos fará enxergar em seus personagens, mesmo quando do teatro de Atenas não restarem mais que ruínas. Eu lhe revelaria que em breve, além de Alceste, ele inventará uma Medeia e uma Fedra como nunca as leremos, inesquecíveis na força de sua paixão.

Os temas das tragédias gregas — o medo e a beleza, o amor e a solidão, a guerra e a ternura — estão ali para nós.

Nunca indicadores apontados ameaçadoramente, sempre mãos estendidas como as de um pai que nos sabe dar o calor de um gesto gratuito, forte e inesperado.

Pulsam, prontos para nos fazer sentir vivos, compreendidos e confortados: Alceste, Admeto, Héracles, Helena, Édipo são homens e mulheres. Como nós. Mudam o cenário histórico e as conquistas culturais, nunca as fraquezas e as grandezas.

Isso é o bom das leituras salutares: lê-las é encontrar uma alma antiga ao nosso lado.

É salutar a leitura que desencadeia vertigens dentro de nós e depois não nos abandona à mercê de nossas emoções; pelo contrário, oferece-nos o paraquedas de um pensamento que indica um caminho, tão belo quanto inesperado.

Em *Alceste*, o que nos faz bem é indubitavelmente o final feliz, mas sobretudo a certeza de que alinhar-se com nossos sentimentos mais profundos é uma receita de renascimento. O amor é o sentimento que nos infunde coragem, mas também é um risco, é imprevisível e com um alto grau de incerteza. Alceste sabe disso e aposta no amor, deixa de lado o apego egoísta, mesmo que isso lhe custe esforço e dor. Parece perder tudo o que tem de mais caro, mas retorna à vida, de forma inesperada. Justo quando escolhe perder, vence. É a fórmula da surpresa, o inesperado que chega e nos impressiona, como um prêmio pelo qual tanto ansiamos.

> Muitas são as formas do divino e muitas coisas os deuses realizam de modo inesperado. E aquilo que se espera não se verifica; as coisas inesperadas o deus encontra um modo de realizar.

As palavras finais do coro deixam-nos com uma carícia, lembrando-nos de que não estamos sós, jamais.

~

Uma ex-aluna minha, agora uma esplêndida mulher adulta, tem tatuado na pele um verso grego: "κῆν᾽ ὄττω τις ἔραται", "o que cada um ama".

Neste caso, o verso é de Safo, nascida dois séculos antes de Eurípides, mas o valor da descoberta é o mesmo: "Há quem acredite que na vida a coisa mais importante sejam os exércitos ou a honra na guerra. Para mim, é o que cada um ama".

Lembro bem do dia em que, após os exames de maturidade, Margherita veio me encontrar com seu verso escrito em um pedaço de papel para que eu verificasse a caligrafia, os espíritos e os acentos. Eu não tinha ideia de que aquelas palavras seriam depois tatuadas em sua pele.

Quando descobri, sorri pensando no quanto é verdade que em nossas veias corre o espírito das paisagens em que nascemos. Margherita nasceu no Sri Lanka, antiga Serendip, nome persa da sua ilha, e carrega consigo, como os três filhos do rei de Serendip, o dom natural de encontrar a felicidade quando menos se espera, exatamente como a surpresa de Eurípides.

---

### PERCURSO DE BEM-ESTAR ACONSELHADO

As tragédias gregas devem ser lidas em voz alta, e você pode pensar em convidar alguns amigos em casa e ler, cada um, um personagem. Pode parecer um exagero, mas aconselho fazer um homem interpretar o papel de Alceste, e uma mulher, a de Admeto.

# III

# A fórmula da juventude de Sófocles

## Hêmon ou a sabedoria de um filho

*Os adultos nunca entendem nada por si sós.*
— Antoine de Saint-Exupéry, *O pequeno príncipe*

É pleno dia e dois homens transportam grandes pesos sob um sol muito quente. Ao fundo, ouve-se o som do mar e do vento forte. Os dois homens chamam-se John e Winston. Exaustos pela fadiga, passam os dias movendo pedras num trabalho que parece não ter sentido nem fim.

John e Winston são dois prisioneiros políticos do regime do Apartheid condenados à prisão perpétua na Ilha de Robben Island, outrora prisão de segurança máxima na África do Sul. John, o mais sonhador dos dois, não consegue render-se a esse presente eterno em que as horas se sucedem interminavelmente, sempre iguais e sem perspectivas de futuro. Seu corpo está preso, mas sua mente vive na liberdade da imaginação, um telescópio com o qual lança o seu olhar para além da ilha. John, decidido a retomar o controle de seus desejos, consegue convencer Winston a encenar a *Antígona* de Sófocles. Os dois amigos habitarão as palavras da antiga tragédia grega como se fossem o seu verdadeiro lar.

46  Um *spa* para a alma

John e Winston são os protagonistas de *The Island*, uma adaptação teatral da tragédia de Sófocles, que inspirou o dramaturgo sul-africano Athol Fugard em 1972. Em Robben Island, agora considerada Patrimônio da Humanidade como símbolo do triunfo do espírito humano, até mesmo Nelson Mandela passou grande parte de sua prisão. Lá interpretou Creonte, vivendo em sua pele, podemos imaginar, a cegueira da injustiça e a força de uma jovem mulher na árdua batalha pela liberdade. *Antígona* é uma das tragédias mais lidas, estudadas e revisitadas na época moderna, porque encarna a força da rebelião individual dos muitos Johns e Winstons que sempre lutam contra a opressão.

~

A história contada por Sófocles em 442 a.C. e ambientada em frente ao palácio real de Tebas é a de uma garota que se recusa a se submeter às injustas leis do rei Creonte, seu tio. A jovem é Antígona, uma das filhas de Édipo. Sobre sua linhagem, já atormentada pelo Destino que quis que Édipo matasse seu pai e se casasse com sua mãe, abate--se uma nova enorme desgraça: a guerra pelo trono de Tebas, deixado vago, terminou, mas seus dois irmãos, Etéocles e Polinices, morreram ao se matarem mutuamente. Creonte é o novo rei e emitiu um decreto proibindo, sob pena de morte, o sepultamento de Polinices por ter ele caído combatendo contra sua própria pátria. É, portanto, justo que seu corpo permaneça insepulto, à mercê de cães e aves, enquanto o de Etéocles recebe todas as honras do sepultamento. Antígona rebela-se contra o decreto com um ato extremamente humano, um ato de amor: demonstrando a mesma coragem de seu pai Édipo, pede ajuda à irmã Ismênia, tímida e obediente, para

## III. A FÓRMULA DA JUVENTUDE DE SÓFOCLES          47

enterrar também Polinices, em nome das leis eternas e não escritas dos deuses: um ultraje que Antígona pagará com a vida.

~

Sófocles, ateniense, viveu por muito tempo, morreu quase centenário (496–406 a.C.), um recorde para uma época em que chegar aos sessenta anos era um evento raro. Sabe-se que ele foi um homem culto, refinado, senhoril, elegante e de grande garbo. Parece ter recebido da sorte tudo o que um ser humano pode desejar, se acrescentarmos que também foi um poeta de grande sucesso e um homem público.

A Atenas em que viveu foi um milagre cultural provavelmente irrepetível: a retórica e a democracia, a arte, a literatura e a filosofia, o Partenon e a Acrópole, tudo contribuiu para criar aquela beleza que ainda hoje nos fala. Péricles foi o político iluminado que mais contribuiu para essa fase áurea, e Sófocles era seu amigo, como também o foi dos personagens mais destacados de Atenas. Cultura pessoal e relações permitiram-lhe, portanto, conhecer por dentro o tecido social ateniense e em suas tragédias, que escreveu até os noventa anos, analisou as dinâmicas humanas com o olhar extraordinariamente acurado de um clínico. Dos homens e das mulheres, Sófocles valoriza a capacidade de interagir com a cidade, seus valores e seus afetos. O resultado é que, para nós leitores de todas as idades, certas páginas são um treino para o pensamento: aguçam nossa percepção e nos fazem sentir a complexidade da vida e do ser humano.

Escolher as palavras certas para apresentar a *Antígona* não é coisa simples. Acredito que cada um de nós deveria reservar um tempo precioso para ficar a sós com essa obra imensa. Os personagens dos livros às vezes precisam ser visitados muitas vezes para que os possamos conhecer, amar, e descobrir as diferentes perspectivas de leitura que guardam em si. Exatamente como acontece com as pessoas mais interessantes. Apaixonei-me pela *Antígona* depois de a visitar várias vezes. Ler e explicar esta tragédia aos meus alunos e responder a perguntas sempre novas foi gradualmente revelando o mundo entrelaçado de sentimentos antigos e novos que eu gostaria de retribuir.

A capacidade de dialogar com um filho, comecemos por aqui.

O mito grego sobre a história de Édipo e sua família conta-nos que entre as vítimas da Esfinge, o monstro que aterrorizava os habitantes de Tebas devorando aqueles que não conseguiam responder ao seu enigma, estava também Hêmon, o filho mais jovem de Creonte.

Sófocles, que herda o mito de Édipo, toma Hêmon à tradição pela mão e salva-o da Esfinge para lhe dar um papel fundamental.

Hêmon é filho de Creonte e muito apaixonado por Antígona.

Hêmon é um filho que luta pela própria felicidade. E a felicidade de Hêmon, como a de qualquer filho, passa pela emancipação do próprio pai e pela força do amor pela mulher que escolheu. Na verdade, o amor é o motor de seu amadurecimento.

Hêmon é o adolescente que encara a dificuldade de sair do seu casulo para enfrentar o mundo dos adultos, não sem medo. Para os pais, representa o momento em que nos vemos diante do espelho de nossos filhos.

Angustiado pela notícia da condenação de Antígona, o jovem apaixonado busca um confronto com o pai para levá-lo a refletir e convencê-lo, com raciocínio, a mudar seu veredito injusto:

III. A FÓRMULA DA JUVENTUDE DE SÓFOCLES   49

HÊMON: Pai, os deuses geram nos homens a razão, o bem maior dentre todos os que existem. Eu não poderia e não seria capaz de dizer se as tuas palavras são justas: outros também poderiam falar igualmente bem. Devo observar em teu lugar tudo o que se diz, que se fez ou que se critica: os cidadãos temem o teu olhar e deixam de dizer aquilo que não gostarias de ouvir. Mas eu, das sombras, posso escutar como a cidade chora pela sorte dessa jovenzinha condenada a morrer do modo mais indigno pelo mais nobre dos gestos: ela não permitiu que seu irmão morto em batalha permanecesse sem sepultura e fosse abandonado como alimento para os animais. Esse é o rumor que corre pelas sombras. Pai, para mim não existe bem mais precioso que a tua felicidade. Para os filhos o motivo de orgulho maior é a boa reputação de um pai, e para um pai, a dos próprios filhos. Mas não leves dentro de ti somente esta ideia, de que somente o que dizes é justo. Quem quer que pense ser o único a ter uma inteligência, alma e palavra superiores às dos outros, quando o abre, revela-se vazio. Por outro lado, mesmo para um homem sábio não é vergonha que aprenda sempre muitas coisas e seja flexível. Olha para as árvores à beira das correntes impetuosas: se se dobram, salvam os seus ramos. Mas, se opõem resistência, são destruídas com todo o tronco. Do mesmo modo, o marinheiro que mantém a vela demasiado tesa e não a solta nem um pouco acaba por virar o barco e prosseguir a viagem de quilha para cima. Cede, concede-te uma mudança a ti mesmo, renova-te. Eu sou jovem, mas creio que o melhor seria que o homem por natureza fosse repleto de toda forma de saber. Mas, dado que as coisas não são assim, é justo aprender de quem diz coisas justas.

[...]

CREONTE: Eu, na minha idade, deveria realmente aprender de um jovem?

HÊMON: Nada que não seja justo. Embora eu seja jovem, deves considerar as ações, e não a idade.

CREONTE: E a ação é de honrar os rebeldes?

HÊMON: Eu certamente não te pediria que respeitasses os maus, e de qualquer forma Antígona não o é. Nega-o toda a Tebas.

CREONTE: E é a cidade que me dirá o que devo impor?

HÊMON: Não vês que agora foste tu que falaste de modo infantil?

CREONTE: Devo governar a minha pátria em nome dos outros?

HÊMON: Não existe cidade que pertença a um homem só.

# 50  Um *spa* para a alma

CREONTE: A cidade não pertence a quem a comanda?

HÊMON: Com efeito, reinarias bem sozinho num deserto.

[...]

CREONTE: Que índole celerada, és mais fraco que uma mulher.

HÊMON: Mas conseguirias surpreender-me dobrado a realizar ações indignas.

CREONTE: Falas somente para defender aquela mulher.

HÊMON: E para defender a ti, a mim e as divindades dos mortos.

CREONTE: Não a esposarás nunca, pelo menos enquanto ela viver.

HÊMON: Morrerá, mas morrendo fará morrer alguém mais consigo.

CREONTE: Que estás fazendo, ousas ameaçar-me?

HÊMON: É uma ameaça rebater raciocínios absurdos?

CREONTE: Pagarás um alto preço pela pretensão de ensinares a mim a sabedoria.

HÊMON: Se não fosses meu pai, direi que não raciocinas.

CREONTE: Escravo de uma mulher, não fales em vão.

HÊMON: Queres apenas falar, sem jamais escutar.

[...]

CREONTE: Mandarei levá-la a um lugar onde não haja vestígio de humanidade, e farei com que a sepultem viva numa gruta, deixando-lhe à disposição alimento suficiente para evitar o sacrilégio e preservar a cidade da contaminação. Lá ela rezará para Hades — o único deus que adora — e talvez obtenha a graça de não morrer, ou então finalmente entenderá que é uma fadiga inútil venerar os mortos.[7]

Um *déjà-vu.*

Um pai e um filho que tentam comunicar-se e convencer-se mutuamente, mas ambos falham, enredados em sua própria teimosa solidão.

Imaginamos um Hêmon determinado, afetuoso, apaixonado e prisioneiro de um sistema de valores muito rígido. Creonte é um homem de poder, preocupado em fazer valer sua autoridade tanto

---

7  Sófocles, *Antígona*, vv. 683–780, passim.

na vida privada quanto na pública. Muito atento à obediência, pouco ao coração e à inteligência de seu filho. Na verdade, Creonte perde a oportunidade de compreendê-lo ao demonstrar toda a sua raiva quando o jovem expõe sua falta de flexibilidade. Os dois confrontam-se e afastam-se muito duramente. Olhando bem, ambos cometem erros e prejudicam a si mesmos. Hêmon é forte em seu ponto de vista equilibrado e maduro, mas não consegue conter o temperamento impetuoso típico de sua idade. Creonte, fechado na fortaleza de suas certezas, é vítima de seu senso de responsabilidade.

*É vazio no coração*, acusa-o seu filho. Os confrontos e erros na tragédia clássica, como na vida, são aqueles laboratórios de formação que ajudam a crescer e a forjar em nós o espírito crítico com o qual enfrentar as dificuldades.

Quando leio com meus alunos as palavras de Hêmon, sempre os vejo muito envolvidos pelo senso de insubordinação e rebelião que aqui respiram profundamente. Eu me preocuparia se não fosse assim. O confronto entre Hêmon e Creonte é, de fato, uma galeria de comportamentos com os quais os adolescentes gostam de se medir.

A atitude exacerbada de Creonte lembra a de muitos pais que, desorientados diante do florescimento repentino de um filho e da sua maturidade, se veem sem outras ferramentas além da imposição arbitrária, preferindo a obediência cega ao diálogo. Uma atitude fruto do medo, que frequentemente nos aprisiona quando temos dificuldade em aceitar os sinais de autonomia de nossos filhos. O que deveria encher-nos de orgulho na verdade nos assusta, porque não entendemos mais o que é certo fazer. No entanto, a autonomia de decisão significa encontrar dentro de si os recursos para caminhar sozinho. Deveríamos orgulhar-nos da autonomia que conseguimos

# 52  Um *spa* para a alma

incutir neles. Isso, dentro de si, nossos filhos construíram também graças a nós, pelo quanto soubemos dialogar, brincar, brigar, mostrando sem medo nossos limites. Mas o condicional é obrigatório, pois cada separação é dolorosa, faz-nos sentir inúteis e, portanto, enclausuramo-nos em nossas certezas.

A *Antígona* é uma história sobre os laços familiares, sobre sua importância no crescimento, porque tornam cada um de nós não apenas filho, pai, mãe, irmã, mas indivíduo. A família é um ponto fixo atemporal, e os confrontos como aquele entre Hêmon e seu pai deveriam ser provocados, não temidos. No meu trabalho, muitas vezes leio o sofrimento nos rostos de pais assustados diante de filhos que parecem inatingíveis em seus silêncios. Silêncios de tardes passadas em seus quartos, possivelmente com a porta fechada como se houvesse um arame farpado. Há um cartaz invisível em suas portas: "Obra em andamento: aqui se tenta crescer, mas vocês não podem compreender". Silêncios de imersões no mundo das redes sociais ou em conversas telefônicas frequentemente feitas de áudios em que se registram não risadas ou confidências, mas solidões recíprocas. Nas conversas com os pais, tenho dificuldade em reconhecer os jovens que vejo todas as manhãs na sala de aula, mas percebo os sinais do silêncio. Quando abro a porta de casa, também sou mãe de dois adolescentes, maravilhosos, mas não imunes aos silêncios rabugentos. Silêncios que, no entanto, quando ouvidos, gritam. É por isso que, quando encontro os pais, tento sempre falar com a síntese das minhas duas almas, tranquilizando a mãe que há em mim e diante de mim.

Os gritos não podem ser sufocados eternamente, mais cedo ou mais tarde encontram uma saída em gestos contra os pais e palavras para alguns professores. É um aspecto que fere um pai e enche um professor de responsabilidade.

A escola é um campo de batalha porque é onde nossos filhos passam a maior parte do tempo, e os jovens são muito atentos ao selecionarem seus interlocutores. Acho natural que um jovem busque um terreno neutro de comunicação com quem, ao pensar bem, passa mais horas ouvindo, observando, repreendendo, encorajando do que qualquer outro. Seu olhar sobre nós é um *scanner*, desde o momento e o modo como pisamos na sala de aula. Uma bolsa que se apoia na cadeira enquanto perguntamos como estão, um registro que se abre sem raiva, até mesmo um café colocado na mesa em certas manhãs em que não se conseguiria formular um pensamento completo são todos sinais de um ritual sem mecanicidade no qual os jovens imediatamente sentem que ocupam seu espaço. E um professor torna-se mestre quando para de falar aos seus alunos sobre o que sabe e começa a contar o que é, *graças àquilo que sabe*. A idade tem seus dons, incluindo a capacidade de mostrar as próprias paixões e fragilidades. Nós adultos também as temos. Os pais também as têm. Essa é a zona franca onde encontramos os jovens e nos deixamos escolher, um privilégio que conquista quem ama ouvir. E esta é a simples receita que frequentemente dou.

Como pais, tendemos a esquecer que a incomunicabilidade é fruto da crença de que pertencemos a dois mundos diferentes. A flexibilidade que Hêmon pede a seu pai é aquela que devemos pedir a nós mesmos. Não adianta lembrar ao nosso filho como éramos na sua idade, mas é fundamental contar-lhe como somos agora.

Num perímetro onde o pai permanece o adulto, sem jamais inverter os papéis. O adulto, como Creonte, é a lei, certa ou errada que seja, mas também é a crista onde o confronto pode transformar-se em um encontro. Hêmon e Creonte representam a luta eterna para nos tornarmos quem realmente somos.

54    Um *spa* para a alma

Pais não nascem pais, tornam-se pais com tempo, amor e dor. Nossos jovens muitas vezes esquecem que o crescimento de um filho é um corte que nos machuca. A saudade de certos pais pelas filhas que não são mais as crianças de outrora, a solidão de uma mãe pela partida do seu garoto que ainda gostaria de abraçar, muitas vezes passam em silêncio. E às vezes até mesmo os silêncios dos adultos se tornam gritos, proibições, ameaças que reforçam o muro da incompreensão.

Para sanar as fraturas que surgem ao crescer, é preciso contar quem somos, como mudamos graças aos nossos filhos, mas também como lutamos contra o tempo, conscientes de que não conseguimos dedicar a eles tanto tempo quanto gostaríamos. Explicar nosso desejo de nos afirmar no trabalho, aterrorizados por perder sua estima.

Histórias de amor e atenção, os únicos antídotos que conheço contra o silêncio teimoso. É nessa zona franca que jogamos com nossos filhos.

Creonte, depois da briga com Hêmon, não será mais o mesmo. Sua metamorfose será profunda: o confronto doloroso fez amadurecer nele o vínculo com o filho e a dimensão de pai. Hêmon e Creonte não são apenas personagens do mito, mas descrevem a cotidianidade das relações familiares.

Na palavra "pai" há o sentido de nutrição e proteção da raiz sânscrita "pa-", assim como em "mãe" há o sentido da raiz "ma-", de medir, colocar em ordem, a mesma raiz de "mão", "metro", "mês", "moral": uma mãe é a síntese de tudo isso. Tornamo-nos "papai" e "mamãe", com os nomes da intimidade familiar, superando noites insones, fazendo deveres de casa juntos ou compartilhando partidas de futebol, consolando amores desiludidos: o vínculo com um filho não se parece com nenhum outro.

III. A FÓRMULA DA JUVENTUDE DE SÓFOCLES    55

Frequentemente meus alunos trazem à minha atenção o quanto o cerco de sua segurança se torna facilmente restrito por regras que não consideram seus desejos mais íntimos. A intolerância de Hêmon pelos tons autoritários do pai e a sua maturidade são idênticas às deles e encarnam o filho que todo pai deveria desejar criar.

A descrição de um garoto rebelde, mas ao mesmo tempo terno, parece o retrato dos meus alunos, às vezes os mais curiosos e turbulentos, sempre aqueles com quem é mais gratificante confrontar-se e debater. O desejo deles de se expressar e manifestar autonomia de ação e julgamento é o mesmo de Hêmon. Juntos, pedem aos pais que os escutem, mas, acima de tudo, que não tenham medo de aprender com os mais jovens e se questionem. E, sobretudo, que não confundam flexibilidade com fraqueza. Hêmon, de fato, não se rebela contra as leis em si, mas contra sua aplicação injusta. A força desses jovens é a sua sabedoria de coração.

Hêmon é um filho que respeita o pai e tenta infundir-lhe a coragem de renovar seu ponto de vista, aceitando a mudança. E de um filho temos um belo exemplo de como as palavras devem ser manuseadas e pesadas com cuidado. Elas também são um gesto de amor. Renovar-se é tornar-se o ramo que se sabe dobrar ou a vela que se solta, a verdadeira fórmula da juventude, em qualquer idade.

Antígona também, como Hêmon, se arrisca. Ela, uma garota, diz ao rei de Tebas, com uma expressão de desafio que conseguimos imaginar: "Eu não nasci para as correntes do ódio, mas para as do amor".[8]

Se tivesse de escolher um verso para salvar de toda a literatura grega, escolheria esse; é maravilhoso no verdadeiro sentido da

_____

8    "Οὔτοι συνέχθειν, ἀλλὰ συμφιλεῖν ἔφυν".

palavra, surpreende-me sempre que o leio ou tento traduzi-lo para os alunos.

O ponto é que, para Sófocles, as palavras disponíveis não bastaram para contar Antígona, e ele cunhou duas apenas para ela, "συν-φιλεῖν" (*synphiléin*) e "συν-ἔχθειν" (*synéchthein*). A operação parece elementar: a "φιλεῖν" (*philéin*) e "ἔχθειν" (*échthein*), "amar" e "odiar", Sófocles acrescenta "συν" (*syn*), "com", a preposição do estar junto a alguém. Mas "syn" também é a preposição da *completude*: se em grego "πληρόω" (*pleróo*) significa "preencher", "συμπληρόω" (*sumpleróo*) quer dizer "preencher completamente". Com um simples "syn", Antígona é uma só com o amor e se completa com o amor, não com o ódio. A elegância e a força têm uma língua universal que nos diz que ela escolheu ser assim, aceite-a ou deixe-a.

Como se não bastasse o léxico, até a gramática desenha os contornos de Antígona: quando fala de seus dois irmãos, ela usa o *dual*, Creonte usa o *plural*. O plural, como em qualquer língua, diz que alguém está conosco, o dual diz "nós", que somos inseparáveis vivos ou mortos.

Em dois verbos e um dual está a gramática de uma mulher.

～

O amor resplandece em Antígona como uma presença totalizante.

Amor por Etéocles, o irmão que morreu lutando pela sua cidade. Amor por Polinices, adversário de Tebas, mas carne da sua carne, que ela quer honrar da mesma forma que Etéocles.

Amor pela irmã Ismênia, cuja fraqueza ela protege. Amor pela sua cidade, que tenta defender da tirania.

O amor por Hêmon e de Hêmon, por outro lado, nunca é expressado diretamente, e o não dito, como bem sabemos, sempre tem uma grande força emotiva.

O não dito abertamente nesta história é a potência invencível com que o amor se abate sobre o filho do rei.

O teatro grego tem um recurso precioso para expressar o *não dito*, que é o coro, a voz profunda da consciência. É o coro — dos idosos habitantes de Tebas — que, assistindo espantado ao confronto entre pai e filho, entende que "na idade de Hêmon, o ânimo é violento quando se sente dor". A dor de Hêmon nutre-se da potência de Eros, que assola suas presas desencadeando nelas um desejo que triunfa sobre tudo.

Creonte, tão seguro quando o assunto são leis e obediência cega, não o é de forma alguma quando entram em jogo a imaginação e os sentimentos. Para ele, a realidade parece simples e dividida em duas: de um lado, o Estado e suas regras; do outro, o amor e seus laços, considerados errados. Nenhum espaço para os sentimentos, nem mesmo o espaço familiar. Como acontece a todos os Creontes, a vida apresenta-se mais complexa do que muitas simplificações gélidas e racionais. Hêmon é a dobradiça entre dois mundos que não conseguem comunicar-se e mediar. Morre subjugado por uma raiva selvagem desencadeada por um pai que não soube aceitá-lo. É vítima de uma incapacidade de escuta que une as gerações ao longo dos séculos. Antígona também é uma filha que quer tornar-se adulta. Rebelando-se contra a vontade do rei, ela vai conscientemente ao encontro da morte, e o mesmo fará Eurídice, esposa de Creonte e mãe de Hêmon, que em uma rápida fala encapsula a dor surda de uma mãe que perdeu seu filho. Tudo o que ela consegue dizer, depois de ouvir as notícias aterradoras sobre sua família, é: "Eu caio por terra e desmaio". É o grito mudo que dá voz à dor de Eurídice e à catástrofe causada por um homem cegado pela arrogância.

Creonte fica sozinho, tomado pelo desespero.

A beleza do confronto com os clássicos é também investigar mundos às vezes afins, mas às vezes, e felizmente, muito distantes de nós.

O horizonte familiar de Sófocles era típico das sociedades patriarcais em que o homem exercia seu poder através da submissão da esposa e dos filhos. As mulheres atenienses tinham a obrigação de fidelidade conjugal e, em caso de adultério, o marido tinha o direito de matar o amante se o pegasse em flagrante e, então, repudiá--la. Os maridos, por outro lado, podiam manter relações extraconjugais com uma "πόρνη" (pórne), uma "prostituta", ou até mesmo manter legitimamente uma "παλλακή" (pallaké), uma "concubina", que vivia sob o mesmo teto da esposa e, em comparação a ela, tinha a vantagem de ser escolhida com maior intensidade afetiva e podia ser repudiada sem dificuldades. Como a alma sempre precisou de um alimento mais profundo, existia a "ἑταίρα" (etáira), uma "companheira". Tratava-se de uma mulher geralmente estrangeira, culta, refinada e economicamente independente. Como Aspásia, a mulher amada pelo político ateniense Péricles, ou como Teorie, amada por Sófocles, que, dizem, encontraram nelas aquela cumplicidade erótica e intelectual que todos gostaríamos de ter com a pessoa que amamos. Certamente não sinto nenhuma nostalgia por um período histórico em que a inteligência do coração e a inteligência da vida cotidiana prática eram mantidas tão separadas. Prefiro pensar na abertura mental de Alexandre, o Grande, que se apaixonou e se casou com Roxana, bela, culta e estrangeira, filha de seu inimigo

Dario, e incentivou os casamentos dos homens de seu exército com outras tantas mulheres estrangeiras com o sonho de fundir culturas diferentes. Mas as mulheres gregas do século v a.C. ainda estavam longe desse sonho.

~

Certamente, um legado cultural não morre facilmente e qualquer mulher conhece a dificuldade de ter construído um papel ativo em uma família onde se entrelaçam o um modelo de mãe que conhece a realidade do trabalho com encargos e honras, lutas e resultados, e um pai que se assemelha mais a Heitor, o herói troiano que brinca com o filho Astíanax antes de lutar e morrer. É a intuição homérica do valor da cumplicidade entre um pai e um filho que devemos considerar quando pensamos em como enfrentar a complexidade e a fluidez da realidade que nos cerca. E recomeçar a partir daí. Porque a qualidade do tempo que dedicamos aos nossos jovens determina a sua solidez. O quanto os fazemos sentir amados e o quanto saberemos nos renovar são as âncoras que permitirão que não afundem nos momentos difíceis. Com a figura de Hêmon, Sófocles transmite uma fórmula de juventude para nós adultos que não consiste em imitar os jovens, vestir-se e falar como eles. Significa inspirar em nossos jovens o heroísmo para o qual nasceram, motivá-los diante das dificuldades, saber ouvir suas rebeliões sem temê-las; às vezes, deveríamos deixar-nos contagiar por elas também. Os filhos sabem recompor nosso passado, presente e futuro.

O espetáculo acabou, Creonte está em cena com o cadáver de Hêmon nos braços; perdeu sua família, causou a morte de Antígona e a consciência de sua responsabilidade aniquila-o na dor.

# 60 Um *spa* para a alma

O público sofre com Creonte, chora com Antígona e aprende: o teatro é sua escola ao ar livre e ali vive na própria pele o que acontece a um homem quando se acredita onipotente. Mas as emoções não terminaram, a cena esvazia-se e diante de nossos olhos aparece o coro que assim conclui *Antígona*: "Ser sábio é de longe a condição principal para ser feliz;[9] não se deve transgredir nas coisas que dizem respeito aos deuses. E os casos dos arrogantes, depois de fazerem pagar as consequências de seus atos, ensinam a ser sábio tarde demais, quando se está velho".

*Ser* "sábio", "φρονεῖν" (*phronéin*), é a palavra mágica que acaricia os ouvidos do público de Atenas e os nossos após tanta dor. Então, existe um caminho para ser feliz, aprender a pensar e sentir com o "φρήν" (*phrén*), *a parte racional do nosso coração*, antes que seja tarde demais. Esforçar-se para encontrar um equilíbrio entre nossa inteligência e emoções e as regras da convivência civil, abrindo-se também para a possibilidade de que exista algo maior a que recorrer. É uma questão de perspectiva, esse caminho está dentro de nós.

---

### PERCURSO DE BEM-ESTAR ACONSELHADO

Encontrem três palavras que falem de vocês, com a ajuda de amigos, filhos ou namorados, e escolham quais palavras estampariam numa camiseta.

---

9 "Πολλῷ τὸ φρονεῖν εὐδαιμονίας πρῶτον ὑπάρχει".

# IV

# A coragem de ter medo: Prometeu

## Ésquilo

*Na juventude cada livro novo que se lê
é como um novo olho que se abre
e modifica a vista dos outros olhos
ou livros-olhos que se tinham antes.*
— Italo Calvino, *A vereda dos ninhos de aranha*

Existem lugares, pessoas e objetos que o tempo nos tenta tirar, mas que permanecem presos. Eles sempre estarão conosco, ao alcance da memória, e, quando quisermos, basta fechar os olhos para vê-los como eram e como se tornaram. Se eu fechar os olhos, vejo e sinto. Vejo uma espreguiçadeira dos anos sessenta com uma janela ao fundo cheia de luz do Mar da Ligúria. Ouço uma voz lendo para mim.

Se existe um *angulus* para cada um, um espaço precioso ao qual recorrer quando precisamos de uma paz profunda, esse é o meu. Durante as férias de verão do ensino médio, passei tardes inteiras naquela sala de estar, seguindo um ritual não declarado no qual Enrico, esse é o nome da minha voz narrativa, me lia trechos de artigos, revistas ou livros importantes para ele que tinha reservado, para depois discutir comigo.

Acredito que, durante aquelas horas em que estava etimologicamente *vacante*, livre de compromissos como nunca mais estive, aprendi a profunda diferença que existe entre ler para si, como um ato privado, e ler também para os outros e com os outros.

Enrico era um médico aposentado, culto e sábio, marido da amiga mais querida da minha mãe, e juntos eram uma extensão da minha família, a zona franca feita de regras suaves, compras e comidas proibidas, leituras e conversas rebeldes. Esse senso de liberdade dentro de mim é resumido no perfume de lavanda, na sua loção pós-barba e no terraço deles. Ouvir Enrico ler em voz alta para mim ainda hoje me traz a lembrança do cheiro de lavanda.

Quando comecei a ensinar, pensei que meus alunos também deveriam aprender a apreciar essa prática que pertence às nossas raízes. Gerações de jovens antes de nós deram forma aos seus sonhos de aventura com Homero, viajaram mentalmente para todas as partes do mundo ouvindo Heródoto e aprenderam a fazer perguntas através das palavras de Sócrates.

Não podendo levar a poltrona de Enrico para meus alunos, levei a eles minha paixão pela leitura em voz alta. Horas de aula dedicadas à escuta de livros lidos, alternadamente, pelos alunos, sem dissecá-los com palavras ou comentários que vêm imediatamente antes e logo depois. Criar esses espaços físicos e temporais é inventar uma aplicação emocional para ser guardada e ativada durante as jornadas escolares, como um hábito precioso. Com uma diferença substancial em relação aos aplicativos que enchem nossos *smartphones*: para isso, é necessário restaurar aquele sentido de "aplicar", "aplicar-se" e "ser aplicado" que a etimologia latina guarda

IV. A CORAGEM DE TER MEDO: PROMETEU    63

em si. "Applicatio", "apoiar-se" em algo a ponto de se tornar uma unidade. Uma aplicação na qual ficam fotografadas e impressas as etapas do esforço da nossa vontade e onde é preciso ativar-se, não se apassivar, para sair do nosso casulo. Para cultivar bons hábitos, revigorar o desejo de estar consigo mesmo e com os outros e experimentar a capacidade de estar satisfeito. Satisfação e felicidade são nosso direito, até mesmo na sala de aula. E com certeza passam pela leitura em voz alta porque criam uma cumplicidade compartilhada. As horas de aula em que os alunos tomam a palavra têm os contornos de um laboratório de educação sentimental.

As personagens de um livro ganham vida e tornam-se tema de conversa, e "conversar" é uma palavra íntima; conversa-se quando se está habitualmente com uma pessoa e se conhece seu rosto, sua profissão e até mesmo seus pensamentos. Dar voz aos personagens de um livro ajuda-nos a vê-los de dentro para fora; eles alimentam uma fantasia paralela e moldam nossa realidade interior, que muitas vezes os jovens veem apressadamente em preto e branco. Os gregos chamam essa atitude da alma de "etopeia", em que o verbo "ποιέω", que descreve nossa capacidade de criar poesia, se mistura com "ἔθος" (éthos), o modo de se comportar de cada um de nós. A etopeia é o pincel de um pintor, a caneta de um escritor, nossa voz quando conseguimos traçar o caráter e a profundidade de outra pessoa, respeitando suas palavras, pausas, ritmos, silêncios ou a velocidade dos diálogos. Os poetas antigos dão a impressão de ter escrito pensando nesse jogo de papéis que se renova ao longo dos séculos, e gosto de pensar que Ésquilo tinha isso em mente quando compôs seu Prometeu acorrentado.

A cena da tragédia abre-se na terra desolada e gelada das montanhas do Cáucaso. Prometeu, prisioneiro de Hefesto, deus

64    Um *spa* para a alma

do fogo, de Kratos, a Força, e de Bia, a Violência, é pregado à montanha e condenado a um suplício atroz. O próprio Zeus decretou sua punição exemplar por roubar uma centelha de fogo para dar aos homens. Uma águia devorará seu fígado, eternamente. Somente muito tempo depois Héracles libertará Prometeu de seu destino terrível, mas essa é outra história. No relato de Ésquilo, o Titã recusa-se a depor seu orgulho rebelde, mesmo tendo uma potencial via de salvação. Prometeu possuía, somente ele, um segredo preciosíssimo sobre a descendência de Zeus: se o rei dos deuses se unisse a Tétis, a mais bela e sedutora das ninfas do mar, nasceria um filho que o destronaria. Apesar de Zeus tentar arrancar-lhe o segredo, prometendo em troca a liberdade, Prometeu recusa a salvação, e a história de Ésquilo termina com um cataclismo assustador durante o qual o Titã é lançado no Tártaro, junto com a montanha à qual está acorrentado. Prometeu, na primeira parte da tragédia, pronuncia sua autodefesa:

PROMETEU: O meu silêncio, crede-me, não é soberba, é tomada de consciência. Dilacera-se-me o coração quando me vejo tão humilhado. Quem senão eu operou a repartição dos poderes entre estes novos deuses? Mas não os direi, falaria inutilmente a quem já conhece. Ouvi, em vez disso, as misérias dos mortais. Encontrei-os indefesos e mudos como recém-nascidos e dei-lhes o pensamento e o conhecimento. Falarei sem nenhuma crítica em relação aos homens e contar-vos-ei quanto amor há nos meus dons: os homens tinham olhos e não viam, tinham ouvidos e não ouviam. Pareciam-se com as imagens de sonhos e viviam na confusão. Não conheciam casas de tijolos, não sabiam trabalhar a madeira. Viviam no subsolo, em cavernas profundas e sem o sol. Formigas leves como o vento. Não reconheciam os sinais certos do inverno nem da primavera, que dá as suas flores, nem do verão, que dá os seus frutos. Faziam tudo sem entender. Até que lhes mostrei como surgem e como se põem as estrelas, e então lhes revelei o número, a raiz do conhecimento. Inventei para os homens a maneira de compor as letras do alfabeto, memória de tudo e mãe infatigável das Musas. Meti jugo aos animais selvagens, ainda sem jugo, e domei-os para que substituíssem os homens nas labutas pesadas e liguei ao coche os cavalos, adorno de toda riqueza e de toda elegância, e fi-los dóceis às rédeas. Inventei o coche de asas de linho para os marinheiros. Eu, que inventei tudo isso para os mortais, justo eu, agora não tenho uma invenção que me liberte do mal que me oprime.

coro: Sofres duma dor que não mereces. A tua mente agora cede, apalpa no escuro, como um médico doente que per a confiança e não acha remédio para curar a si mesmo.

prometeu: Surpreender-te-ás ainda mais ao escutar o resto, ouvindo as ciências que descobri e os caminhos que abri. Começo pela maior descoberta: se um homem adoecia, não tinha tratamento algum, nem alimento, nem unguento, nem bebida: morria-se sem remédios até que eu mostrasse como amalgamar misturas benéficas que mantêm distantes as doenças. Estabeleci as regras à arte profética, ensinando a distinguir sonhos e presságios [...]. Fiz tudo isso. Quem antes de mim descobriu os dons escondidos da terra: o bronze, o ferro, a prata e o ouro? Ninguém, como bem sei, pode dizer tê-lo feito, se falar honestamente.[10]

A história de Prometeu é uma das páginas mais fascinantes do mito antigo, mas primeiro é preciso dar um passo para trás no nosso conto. O Titã, com seu amor pelo gênero humanidade e gosto pelo desafio, inspirou autores antigos e modernos.

Na inesgotável fantasia grega, entrelaçada às vezes com a oriental, no início havia o Caos, *a Voragem desordenada*, uma mixórdia que guardava em seu ventre céu, mar e terra, o perímetro do homem. Do Caos nasceram o Destino, a Noite, as Parcas, a Discórdia e a triste Velhice. Depois vieram a Concórdia, o Amor e o Dia. E finalmente Urano, o Céu estrelado, e Gaia, a Terra. Graças a eles, o Caos se transformou em Cosmo, o Mundo que carrega

---

10 Ésquilo, *Prometeu acorrentado*, vv. 437–506, passim.

em si o sentido de "κοσμέω" (*cosméo*), "colocar em ordem". Em um universo ainda informe, no maravilhoso relato de Hesíodo, poeta grego do século VII a.C., sucedem-se Urano, Cronos e Zeus, o rei dos deuses do Olimpo, e com eles as descendências divinas. De Urano e Gaia nasceram os Titãs, os Ciclopes e muitos filhos. Entre eles, Cronos e Jápeto.

O Céu estrelado, com a crueldade primordial que o mito nos pode contar, proibia seus filhos de virem à luz ao saírem do útero da mãe, e a Terra, para punir a maldade do marido, fez construir uma foice, pedindo aos filhos que a usassem para livrar-se do pai. Quando Urano chegou à noite e se deitou ao redor de Gaia, o filho Cronos, que estava à espreita, castrou-o e jogou seus genitais no mar. Eles foram levados para longe por muito tempo, até que da espuma branca e vital gerada no mar nasceu Afrodite, que emergiu da água para trazer a beleza aos homens. O Cosmo é assim ordenado pela força divina da beleza, que se torna seu *cosmético*.

A história ainda é rica e faltam algumas peças para compor nosso quadro. De fato, Cronos, após aniquilar o pai, soube que seu destino seria o de ser deposto, por sua vez, por um de seus filhos. Então, devorava-os um a um, assim que nasciam. Todos exceto um, Zeus, que escapou graças a um estratagema da mãe, Reia, que o escondeu ao nascer, permitindo que se tornasse o rei do Olimpo.

Isso aconteceu com Zeus, filho de Cronos.

Prometeu era filho de Jápeto.

É aquele que *pre-vê* as consequências de suas ações. Em seu nome ecoam "μανθάνω" (*mantháno*) e "μέδομαι" (*médomai*), a soma de "aprender", "meditar", mas também "maquinar", e aquilo que os gregos chamam "μῆτις" (*métis*), a inteligência prática, flexível, que sabe adaptar-se às situações e inventar soluções para problemas concretos, por vezes de maneira intrigante. Era astuto e providente, ao contrário de seu irmão Epimeteu, que compreendia "ἐπί" (*epí*), *tarde* as coisas.

Com astúcia, Prometeu conseguiu atribuir aos homens a melhor parte das vítimas durante os sacrifícios, deixando aos deuses apenas os ossos cobertos de gordura.

Novamente com astúcia, ele roubou o fogo de que Zeus, por vingança, havia privado os homens. Foi punido de maneira exemplar. Aos homens coube, por sua vez, o castigo da criação de Pandora, a primeira mulher mortal, esposa de Epimeteu, de extraordinária beleza, *aquela que possui todos os dons*, incluindo um vaso que nunca deveria ter sido aberto, pois de lá saíram a fadiga, a doença, o ódio, a velhice, a violência, a morte, males que se espalharam entre os homens, deixando apenas a esperança, que por sorte permaneceu no fundo do vaso.

Mas quando o homem estava nu, descalço, sem defesas, feito de terra, recém-moldado pelos deuses, Prometeu teve a coragem de lhe dar uma vida de cabeça erguida, dotando-o de todos os recursos para que pudesse viver.

~

Prometeu mostrou as artes do progresso com uma grande modernidade, já evidente em relação à própria estrutura das tragédias de Ésquilo. Nascido em 525 a.C. em Elêusis, na Ática, na cidade escolhida como capital da cultura em 2021, Ésquilo é considerado o verdadeiro criador da tragédia grega. Estreou no teatro aos vinte e cinco anos, obtendo o primeiro lugar e muitas vezes disputando-o com Sófocles, seu temível rival. Embora os dois poetas fossem

68    Um *spa* para a alma

contemporâneos e antagonistas, o público ateniense soube ser generoso, dando a ambos grande sucesso.

O teatro de Ésquilo é um teatro social, rico em debates diários entre os atenienses que viveram durante as guerras persas, comparáveis em importância às guerras mundiais do século passado. Foi um momento particularmente estratégico para a história de Atenas e para todos nós que agora estudamos suas causas e consequências. Naquela época, dois mundos desproporcionais confrontaram-se do ponto de vista geográfico e das forças militares em campo. A Grécia venceu, e foram alguns de seus homens que fizeram a diferença com sua inteligente estratégia. Ésquilo havia lutado pessoalmente tanto em Maratona quanto em Salamina, duas etapas fundamentais das guerras persas, próximas ao mito em nossa memória. Mas as guerras de cada século deixam sulcos irreparáveis, mesmo que escavados no terreno dos vencedores. Ésquilo demonstra a sensibilidade de quem viveu o horror da guerra e, quando escreve sobre isso, em sua tragédia *Os persas*, fá-lo com profunda humanidade, olhando a história com os olhos dos vencidos, levados a lutar por reis sedentos de poder numa terra que a natureza havia pensado separada. O mar pode unir ou dividir: o rei persa Xerxes mandou construir uma ponte de barcos para atravessar o Helesponto, hoje Estreito de Dardanelos, e invadir a Grécia. Os deuses impõem um equilíbrio ao homem e à sua arrogância. Xerxes conseguiu retornar à sua pátria, onde morreu em 465 a.C. numa conspiração, e por aquela ponte de barcos morreram milhares de soldados.

Sempre imaginei que Ésquilo fosse um homem de uma profunda maturidade interior, que lhe permitiu intuir o valor da justiça e da responsabilidade individual, embora viesse de um momento histórico no qual a hereditariedade da culpa tinha valor jurídico. Um filho podia nascer já com um enorme fardo nas costas e não conseguir encontrar espaço para afirmar-se. Através do filtro do mito, Ésquilo encontrou a maneira de contar a afirmação da responsabilidade individual e da inabalável confiança na justiça que, no fim, sempre triunfa, porque Zeus é seu garantidor. Ésquilo é o mais religioso dos três dramaturgos.

Por sua arrogância, Zeus decide punir Prometeu, o grande rebelde. E isso porque aquilo de que fala Prometeu é uma revolução tecnológica: "Todas as 'τέχναι' (*téchnai*) derivam aos mortais de Prometeu", onde "techne" indica tanto um objeto quanto saber construí-lo e observá-lo. Astronomia, escrita, aritmética, uso do fogo e navegação, metalurgia e medicina são todas técnicas que Prometeu relata ter-nos ensinado. E não é pouca coisa vangloriar-se disso numa cultura em que o pensamento era exatamente o oposto: a verdadeira era de ouro para o homem foi no início dos tempos, uma espécie de paraíso perdido do qual os homens estão destinados a se afastar e a degradar à espera de seu retorno. Ésquilo fala-nos, pelo contrário, de uma civilização que é uma conquista lenta e gradual que progride com o tempo.

Os mitos sabem dar voz à nossa dimensão mais secreta. Os jovens adoram a autodefesa de Prometeu, uma pérola incrustada em um conto dedicado à coragem de não ter medo: de roubar o fogo para nós, de nos revelar a linguagem do céu, de nos dar o mar nos "coches com asas de linho".

Ainda que a milênios de distância, adolescentes presos em sua linha de sombra sentem as palavras de Prometeu como uma esplêndida declaração de amor pelo ser humano, e, portanto, também por eles.

70 Um *spa* para a alma

Palavras que *estupefazem*, e "estupefação" é uma palavra belíssima: "stupeo" tem a raiz "staph", de "ficar parado". Em latim significa "ser atordoado" pela força de algo. Surpreender-se não é uma operação simples; se refletirmos, é um sentimento que nos atinge inesperadamente, enquanto estamos aparentemente imóveis, mas nossa sensibilidade entra em ação. A surpresa dos adolescentes diante de Prometeu é a de se encontrarem em palavras que não conheciam, mas que têm a ver com sua interioridade, ainda inexplorada. Quando leio essa história com eles, o que os surpreende é a generosidade de Prometeu. Os homens não tinham casas de tijolos, ciência e escrita, e o Titã dá-lhes a acuidade do pensamento. Acima de tudo, os homens tinham olhos e ouvidos, mas não sabiam ver e ouvir, muito menos serem vistos e ouvidos. O "amor que ditava meus dons", escreve Ésquilo. E especialmente nessas palavras a leitura dos jovens concentra-se e fica mais lenta.

Querer bem a alguém, ou melhor, querer o bem dessa pessoa, é uma perífrase para expressar um gesto de nossa atenção que faz bem a quem pensa e a quem é o objeto dela. A "εὔνοια" (*éunoia*) de Prometeu contém esse prisma rico em facetas, é uma forma de amor e *bem-estar*. Quando em grego uma palavra começa com "eu-", já transmite bom humor. "Eu-" significa "bom e belo". A sensibilidade grega tem uma receptividade acentuada para o belo, quase uma veneração, ao ponto de fazer coincidir o que é belo com o que é bom numa harmonia perfeita. Não há coisa bela que não seja também boa e vice-versa: que bela forma de ver o mundo!

"Εὐδαιμονία" (*eudaimonía*) é a felicidade de ter um "daimon", uma divindade que faz parte de nós e torce por nós, protegendo-nos. É o desejo de uma vida vivida em sua completude, "eu-noia" é a sorte de ter alguém que *pensa* em nós.

O amor que dita os dons de Prometeu é um gesto de confiança que continua a surpreender gerações de estudantes, e não só isso. Prometeu é uma figura antiga e moderna porque tem coragem, a virtude mais cobiçada.

Tiremos por um momento as palavras "virtude", "coragem", "herói" do sótão onde muitas vezes são guardadas e demos-lhes uma polida de vez em quando.

A virtude. Que seja chamada "ἀρετή" (areté), como fazem os gregos, ou "virtus", como os romanos, a virtude brota do mérito individual, da força de desenvolver nossas potencialidades. Para os antigos, o que nos torna felizes e nos faz funcionar como seres humanos é uma conquista, não uma posse. Às vezes devemos lutar com os outros, muito mais frequentemente com nós mesmos, mas podemos chamar de "virtude" a coragem de liberar o *herói* que existe em cada um de nós.

E dizer "herói" é um desejo, é como se disséssemos a alguém: "Desejo que você se torne o homem ou a mulher que tem dentro de si". A coragem é fundamental para superar toda forma de medo de se expor, mas é preciso a coragem que vem do coração.

Capturados pelo conto de Ésquilo, os jovens entram com os próprios pés num mundo imaginário onde não é narrado o medo de Prometeu, mas sim a sua coragem ao enfrentá-lo. Acostumados a usar *tablets* e *touch screens* desde a infância, agora os jovens têm em mente os gestos e palavras de Prometeu, dados mais reativos de manusear, e dão um rosto e um nome a sentimentos que surgem em suas vidas reais.

Nos jovens, o medo frequentemente se traduz em agressividade. Os fantasmas, se guardados dentro de nós, fazem-se gigantes. O medo do próprio corpo que muda, que não se consegue controlar e que se tenta destruir. O medo da própria personalidade que cresce e se deve confrontar com o mundo externo. O medo de entender se está sozinho nessa luta, para alguns titânica. O medo de insucessos que colocam em crise todo o sistema interior dos meus alunos. Vê-los agressivos ainda me dói, mas é um sinal de alarme muito precioso. Um sinal de pedido de amor.

Os antigos encaravam seus medos e enfrentavam-nos, no teatro, dando-lhes um nome e um rosto. Prometeu, no início da tragédia, é acorrentado à sua rocha por Hefesto com a ajuda de Kratos e Bia, a Força e a Violência. Os homens gregos enfrentaram Adikia, a Injustiça, Philotes, a Força esmagadora e dolorosa da paixão, Eris, a Discórdia, Cidoimo, o Ruído atemorizante da guerra, Gheras, a Velhice, e Phobos, o Medo, dando-lhes um rosto e um nome, exatamente como inimigos para encarar de frente e desafiar para um duelo.

Até mesmo Phobos, filha de Ares e Afrodite, contém uma semente de beleza, isto é, a possibilidade de enfrentá-la, não para eliminá-la, mas para que incuta menos medo.

É curioso, mas, no Titã, os jovens tendem a notar não tanto o lado rebelde, mas seus olhos, que se voltam para eles. Prometeu, jovem como todo herói, prevê a sede de coragem deles e o freio do medo, emoções profundamente humanas que têm o mesmo endereço, o *cor*. Prometeu faz algo diferente e de que nós, pais, também deveríamos aprender: escuta os seus corações.

Para os gregos, assim como para os egípcios e todos os antigos, não é o cérebro, mas o coração que é a sede da nossa alma, da nossa coragem e dos nossos medos.

Prometeu é como aquele pai que diz "pula" quando você está em uma árvore, e você o faz porque sabe que, se cair, ele te pega.

Um pai que sabe infundir coragem e confiança porque as tem em nós. Mesmo que a tarefa de viver seja difícil, ele nos diz que podemos conseguir. Por isso os jovens amam Prometeu, que, como um pai, aposta no salto no escuro. Os corações se alinham com sua interioridade quando vibram, porque isso está escrito na raiz "kard" do latim "cor" e do grego "kardia". O coração é um órgão em movimento, vibra e salta quando se sente amado; um coração forte no amor permite-nos não ter mais medo de ter medo.

Meus alunos, que não contam aos pais nem uma nota negativa nem uma positiva, gritam-nos que querem ser considerados para além de seu desempenho escolar. São jovens que estão lutando para construir seu perímetro, seus contornos, e acham limitador ouvir todos os dias, frequentemente pelo telefone: "Como foi na escola hoje?". Se ficam em silêncio é porque ainda não têm as palavras certas, mas gostariam dos nossos olhos sobre eles, mesmo sabendo que nos desapontaram. Para os gregos, o tempo era feito de dois aspectos, *chronos* e *kairós*, a quantidade e a qualidade dos momentos especiais.

"Καιρός" (*kairós*) é um jovem rapaz belíssimo, que anda sobre uma esfera, com asas nos pés, cabelo longo na testa e raspado na nuca para ser difícil de agarrar, e uma navalha na mão direita, fina e afiada como pode ser o momento oportuno para cada um de nós. Cada um tem seu *kairós*, o de um jovem estudante é o momento em que tem a coragem de sentir o medo, dar-lhe um nome e transformá-lo na coragem de colocar em jogo o seu talento, peso específico e medida do que seremos. São necessárias imaginação e confiança, mas esses também são dons de Prometeu.

## PERCURSO DE BEM-ESTAR ACONSELHADO

Contem e ouçam, entre amigos ou em classe, os seus momentos de maior medo, mas, principalmente, relembrem quais foram os olhos nos quais vocês descansaram ou pelos quais se sentiram observados.

V

# Spa da alma: receitas de verdadeira beleza

## Ovídio e Galeno

*Quando a alma está pronta,*
*as coisas também estão prontas.*
— William Shakespeare, *Henrique v*

Instantâneos da vida grega estão imortalizados na terracota de vasos que, em outros tempos, decoraram ambientes, acompanharam ritos religiosos, despejaram água, vinho e óleo ou conservaram alimentos. As partes de que se compõem os vasos têm os mesmos nomes das partes do nosso corpo: "Pescoço", "ombro", "barriga", "pé", e a sua superfície externa é pintada com cenas do mito ou do cotidiano. Em uma grande ânfora, uma cratera, onde um homem um dia misturou vinho e água durante um simpósio no século v a.C., uma jovem mulher nua é retratada com um espelho na mão enquanto outra lhe oferece uma pequena ampola de perfume e uma terceira, vestida, lhe entrega um calçado. As mulheres estão reunidas em torno de uma bacia de pedra, o *louterion*, "para a toilette". Na bacia está gravada a inscrição "kalé", "beleza".

A mesma bacia de pedra é representada em ambos os lados de uma taça menor, um *skyphos*. Quem a ilustrou quis contar-nos duas

76   Um *spa* para a alma

histórias, uma feminina, outra masculina. De fato, de um lado, quatro mulheres se encontram em um lugar fechado e protegido. Uma delas segura uma flor, outra, um espelho. No lado oposto da taça, veem-se quatro homens, ao ar livre, perto de uma árvore, com os objetos necessários para ir ao *gymnasion*, ao "ginásio": uma esponja, um estrígil para se limparem do suor após os treinos e um vaso com azeite de oliva para se ungirem antes de começarem os exercícios. Fragmentos de vida que se tornam pequenos poemas para os olhos e que têm o sabor da especial unicidade dos gestos cotidianos. A poesia dos vasos gregos, objetos preenchidos, coloridos, ricos em figuras e pensamentos que todos os dias eram tomados nas mãos para seus usos práticos e, ao mesmo tempo, apreciados, como se faz com frutas maduras no verão. Imagens que nos falam de rituais de beleza, momentos de amor pelo próprio corpo.

Os masculinos são corpos de atletas cuja força e beleza são retratadas; os femininos, nus, são capturados no momento de sua *toilette*, cuidadosos nos gestos e nos adornos, em uma alternância de espaços internos, predominantemente para as mulheres, e espaços externos, para os homens, conforme desejava a sensibilidade cultural grega.

"Espaço" é uma das minhas palavras preferidas pelo sentido de infinito que me infunde. Seja o do céu ou o de dentro e ao redor de nós, a palavra "espaço" tem em si a marca do verbo latino "patere", "estar aberto", "acessível", "claro". O espaço evoca algo *imenso* e extremamente *livre* e, como toda forma de liberdade, precisa de um perímetro que o contenha para que possa ser vivido. O nosso espaço tem dois limites, um intangível, a nossa mente, e um físico, muito tangível, o nosso corpo, que torna possível ou impede o que a mente deseja.

## V. SPA DA ALMA: RECEITAS DE VERDADEIRA BELEZA 77

Interioridade e exterioridade são as dimensões de que somos compostos e com as quais devemos ter um cuidado extremo, que aumente com o passar dos anos. Uma lê e escava quem somos *intus*, "por dentro"; a outra percebe a unicidade do belo exterior que é só nosso. Ambas definem a beleza de quem somos, tornam-na visível aos olhos e traduzem-na em harmonia.

Um fio invisível liga-nos a milhões de mulheres e homens que, ao longo do tempo, cuidaram de si mesmos com rituais feitos de pequenos gestos. Antigas receitas de beleza nos conectam com mulheres gregas e romanas que usaram mel, rosas, raízes de lírio misturadas com figos maduros ou helênio, nascido das lágrimas de Helena, a mulher mais bela do mundo, para cuidar da pele do rosto. Mulheres romanas usaram feno-grego, perfumado e rico em óleos essenciais e vitaminas, bebendo-o como uma moderna infusão purificadora que ajudava a impedir a sudorese excessiva. Antes delas, as mulheres egípcias trabalharam e usaram o feno-grego como creme antirrugas de eficácia comprovada inúmeras vezes, como diz literalmente o papiro do século XVI a.C. que guarda a receita do creme. Nós hoje, depois delas, podemos usar o feno-grego em preciosas compressas para a pele e os cabelos.

"Mas diga-me como fazer meu rosto brilhar, para que seja luminoso e radiante desde o amanhecer", pergunta-se uma antiga romana, interrogando o espelho.

> Descasque e lave cevada, preferencialmente da Líbia. Adicione em igual medida lentilhas maceradas em dez ovos: deixe a mistura resultante secar ao ar livre e, quando estiver seca, triture junto com os chifres de cervo que caírem primeiro. Depois peneire e, quando tudo estiver em uma mistura pulverulenta de farinha, adicione doze bulbos de narciso triturados com um pilão de mármore.

78     Um *spa* para a alma

Pegue então duas onças de goma com trigo etrusco e misture com mel, nove vezes, generosamente, para obter um composto para aplicar como máscara facial.

Toda mulher que usar tal remédio em seu rosto ficará luminosa, mais lisa e suave do que seu próprio espelho.

Leguminosas, bulbos de narciso e mel amaciaram, tonificaram, levantaram, nutriram e deram luminosidade à pele de muitas mulheres romanas em gestos que reconhecemos como nossos e que são narrados no século I a.C. por Ovídio, o poeta das *Metamorfoses*, num curioso tratado de cosmética que nos oferece conselhos de beleza e sedução, o *Medicamina faciei femineae*, "Os cosméticos femininos".

Aprendei qual é o tratamento curativo que pode valorizar a vossa aparência, ó jovens mulheres, e como pode ser preservada a vossa beleza.

Os *Medicamina*, junto com a *Ars amatoria* e os *Remedia amoris*, compõem uma refinada enciclopédia erótica em que Ovídio nos conta um retrato picante dos gostos urbanos da Roma do século I. Ao falar de amor, Ovídio expressa também um novo clima de liberdade e bem-estar redescobertos, após os tempos sombrios das guerras civis, junto com o gosto por todos os prazeres que a vida podia oferecer. Acima de tudo, o jogo do *eros* e da sedução.

A *Ars amatoria* oferece conselhos sobre conquistas amorosas tanto para homens quanto para mulheres.

Os *Remedia amoris* sugerem terapias para curar o mal de amor, que são as de todos os tempos: esportes, viagens, novos amores e, sobretudo, concentrar-se nos defeitos da pessoa que não nos quer.

Os *Medicamina* oferecem às mulheres conselhos e receitas de cosmética.

## V. SPA DA ALMA: RECEITAS DE VERDADEIRA BELEZA 79

A trilogia foi um *best-seller* de leveza sofisticada e culta que, no entanto, deve ter custado muito caro a Ovídio, antecipando em muitos séculos as desventuras editoriais de Nabokov com sua *Lolita*. Talvez por censura da parte de Augusto, talvez por um erro diplomático, Ovídio passou em pouco tempo de um enorme sucesso na capital a um exílio repentino em Tômis, no Mar Negro, onde morreu em 18 d.C. Seu exílio permanece um intrigante mistério da Antiguidade, assim como permanece fascinante a atmosfera de sedução e de contínua busca pela beleza que se respira em seus versos. Um *manual erótico* com uma atenção particular também ao mundo da sensualidade feminina, ao ponto de ser uma moderna educação sentimental.

Ovídio, que "odeia os abraços que não satisfazem ambos", ensina às mulheres como conquistar um amor e mantê-lo por muito tempo, e não apenas aos homens, como seria natural para uma voz masculina de seu século. Para que também as mulheres pudessem lutar em igualdade de condições no jogo da sedução, fazer-se amar e apaixonar-se, ser objeto de desejo e sentir desejo. Cultivar a própria beleza para agradar a si mesmas antes de agradar aos outros.

"Jovens mulheres", aconselha-nos ainda Ovídio nos *Medicamina*, "aprendei como proteger a vossa beleza. Tudo o que é bem cuidado agrada. As casas são adornadas e a própria lã é frequentemente tingida com o vermelho da púrpura. Não é certamente desonroso, preocupai-vos em agradar, estais cercadas por homens elegantes".

Tudo o que é cuidado agrada porque o decoro é o primeiro sinal do respeito que temos por nós mesmos. "Decoro" é uma palavra belíssima a redescobrir, o *decus*, "aquilo que nos é apropriado", está em nossa aparência, em nosso comportamento, está na elegância

## 80 Um *spa* para a alma

com que nos sabemos colocar diante de nós mesmos e dos outros. O lado estético da nossa humanidade. Sob essa luz, as receitas cosméticas têm um benefício imediato para quem as usa, antes mesmo de o terem para quem vê seus resultados.

As mulheres abastadas da Grécia e, posteriormente, de Roma, fascinadas pelos produtos provenientes do Oriente, descobriram a moda do unguento real para massagear-se e perfumar-se. Nos mercados gregos e romanos, esse unguento, uma sinfonia de vinte e sete ervas aromáticas misturadas com mel, vinho e óleo, vendeu como água por séculos. Chamado "real" porque era prestigiado e porque fontes antigas, atentas também aos detalhes mundanos, nos contam que Ciro, o Grande, rei dos persas no século VI a.C., usava-o para perfumar a barba e o cabelo antes de aparições públicas, ressaltando ainda mais seu carisma.

Cremes de beleza, perfumes e cosméticos, antigos gestos de vaidade, eram censurados quando se tornavam um engano criado através de uma beleza artificial. Não que o mundo masculino da Antiguidade estivesse isento do uso de cosméticos, começando pelos bálsamos com os quais os atletas na Grécia se perfumavam e ungiam antes da atividade física. Alguns afrodisíacos poderosos, cosméticos do desejo, segundo os gregos, eram encontrados nos alimentos que vinham do mar, onde nasceu a deusa do amor, Afrodite.

Assim como existiam formas de vigilância sobre a maquiagem das mulheres para preservar o bom gosto, Solon, o famoso legislador ateniense do século VI a.C., conhecido por sua intransigência, teria expulsado os perfumistas que chegavam de Esparta e proibido a venda de perfumes para os homens, preocupado com o abuso da frivolidade que estava se propagando.

## V. SPA DA ALMA: RECEITAS DE VERDADEIRA BELEZA 81

A cosmética, em nossa sensibilidade moderna, está próxima do que Ovídio nos fala, é sinônimo da arte da beleza e da sedução. Mas "κοσμέω" (*cosméo*) é um verbo rico em segredos. Por si só, significa "pôr em ordem", "regular" e "governar". Se fôssemos antigos gregos, usaríamos "cosmeo" para dizer que *nos colocamos em ordem em relação a nós mesmos, então nos embelezamos,* ou o usaríamos para dizer que *nos colocamos em ordem em relação às leis, então obedecemos.* A cosmética em sua essência é um gesto de ordem, como de manhã nos colocamos em ordem e nos damos uma ordem. Mesmo o simples ato de dedicar tempo a nós mesmos. O corpo também deve ser respeitado. Assim como os unguentos nasceram como gestos de cuidado para com as estátuas dos deuses e os perfumes tinham originalmente uma função sagrada, e eram queimados em sua honra. *Per fumum,* "através da fumaça", o *perfume* conectava o mundo dos deuses ao dos homens. Alguém, em um momento que não podemos reconstruir, mas apenas imaginar, considerou que seu próprio corpo tinha um valor sagrado e, como tal, deveria ser celebrado.

Simples, ao menos para os homens, nos ginásios na Grécia: os jovens de boa família, no século V a.C., começavam o dia com exercícios físicos no ginásio, depois tomavam um banho de água quente e, por fim, na êxedra, exercitavam o espírito, ouvindo as aulas dos filósofos. O esporte tinha um valor educativo fundamental na formação dos jovens que, através da vontade e da determinação dos gestos, também nutriam o caráter. O espírito *agonístico,* submeter-se à prova durante uma competição, permeava o seu modo de pensar a vida, do teatro às Olimpíadas. Os próprios poetas celebravam as vitórias olímpicas como vitórias do espírito.

Os gregos sabiam que em cada um de nós existem duas belezas, e as guardaram numa única palavra que as torna inseparáveis: "καλοκἀγαθία" (*kalokagathía*).

"Καλός" e "ἀγαθός" (*kalós* e *agathós*), "belo" e "bom", "nobre de espírito". A tradução literal é pálida em relação ao sentido etimológico que o original grego nos entrega de perfeita correspondência entre a beleza exterior e a interior. O espírito ligado aos ginásios não se perdeu completamente com o declínio do mundo helenizado e foi gradualmente reelaborado após a conquista romana no século I a.C.

A história de Roma é uma história de água, sua seiva vital. Junto com as estradas, os aquedutos testemunham a habilidade dos antigos engenheiros romanos, que souberam interceptar as águas que vinham das nascentes dos Apeninos, dos Montes Albanos e dos montes vulcânicos circundantes. Eles fizeram delas uma fonte de *higiene*, "ὑγιεία" (*yghiéia*), "saúde".

O fascinante acrônimo de *Salus per aquam*, "saúde através da água", que nada tira da cidade belga de Spa, conhecida pelas propriedades minerais de suas águas, fala-nos de um povo que deu à higiene um papel central em seu desenvolvimento econômico e social. Fala-nos de imperadores que competiram na construção de termas, tornando a higiene acessível a todos e, graças à beleza com que as cercaram, fizeram dos exercícios e cuidados corporais um prazer e um passatempo acessíveis. Os romanos haviam aprendido com os gregos o uso de uma sala de banho em sua casa, mas se tratava de um luxo custoso.

Nero e Domiciano no século I do império, Adriano e Antonino Pio no século II, Caracala no século III, até Diocleciano e Constantino no século IV d.C., competiram para construir, em

# V. SPA DA ALMA: RECEITAS DE VERDADEIRA BELEZA 83

Roma e nas suas províncias, edifícios termais abertos ao público e a baixo custo. Inserindo *frigidarium, tepidarium* e *calidarium* em um único espaço arquitetônico, imerso no verde de jardins, árvores e jogos de água, com um pórtico ininterrupto ao lado, atrás do qual se estendiam, para as elites, as salas das bibliotecas e das exposições. E também estádios, salas de relaxamento, ginásios e salas de massagem, além de um teatro. Uma cidade ideal em que à cultura física e à água se unia a curiosidade cultural. E o povo romano, na era imperial, ia às termas todos os dias, à tarde, podendo permanecer até o pôr do sol. Aos romanos contemporâneos e a nós não pode escapar a *mollitia* ligada à vida nas termas, mas também não pode escapar a enorme beleza ao alcance das multidões. E a tanta beleza não podemos ficar indiferentes. Assim como não podemos ficar indiferentes ao sabermos que nossos ancestrais foram capazes de criar, com os ginásios e as termas, um templo da cultura do lazer, um espaço cultivado, habitado e honrado. Um espaço quase sagrado, difícil de reivindicar. Especialmente hoje.

~

Dos *ginásios* gregos às *termas* romanas, da *kalokagathía* à expressão latina inventada no século II d.C. por Juvenal, "mens sana in corpore sano", que usamos de bom grado porque não conseguimos cunhar uma expressão análoga em nossa língua. Consequentemente, não temos uma maneira autenticamente nossa de nos olharmos e de olharmos a beleza. Se nos faltam as palavras para expressá-lo, falta-nos o instinto vital de cuidar dos nossos espaços íntimos para torná-los mais fortes e protegê-los. Ou talvez o tenhamos simplesmente perdido, e então é caso de nos apropriarmos novamente do

# 84 Um *spa* para a alma

nosso antigo coração, que todos temos em nossas raízes, e usá-lo como um antídoto à velocidade.

~

É o novo ritmo moderno com que devemos aprender a nos relacionar, com as devidas proteções, sendo presas da tensão emocional que acumulamos ao sentirmos a velocidade da conexão. É fácil esquecer de si mesmo quando com nosso *smartphone* ou *laptop* podemos ser alcançados em qualquer lugar. É igualmente fácil perceber simultaneamente a urgência com que os outros gostariam de obter respostas de nós, possivelmente assertivas, enquanto nós preferiríamos mais tempo para pensar e prestar atenção às nuanças. A invenção do digital nos presenteou com a possibilidade de transformar e ter à nossa disposição uma enorme quantidade de dados, sons, cores, mensagens. O digital e suas cifras compartilham a mesma raiz indo-europeia "deyk-" das palavras "to teach", "ensinar", "δείκνυμι" (*déiknumi*), "representar", e também de "digitus", o "dedo", com o qual se podem contar os números; ou seja, o digital nos ensina e simplifica a vida, mas com um "dedo" sempre apontado para nos alcançar em qualquer lugar e a qualquer momento.

É um vórtice que nos torna *ventosos*, como diz esplendidamente Horácio em uma de suas Epístolas,[11] agitados como o vento e "quando estamos em Roma queremos estar em Tivoli, mas quando estamos em Tivoli queremos estar em Roma". Não saberia encontrar palavras mais eficazes para descrever como estamos quando não habitamos bem nosso corpo e nossa mente.

---

11 Horácio, *Epístolas*, I, 8, v. 12.

## V. SPA DA ALMA: RECEITAS DE VERDADEIRA BELEZA 85

Meu manual pessoal de manutenção sentimental prevê pelo menos algumas horas por semana de corrida, minha cosmética cerebral. Cada um tem seu elixir, eu descobri a corrida graças a uma amiga e não poderia mais viver sem ela pelo bem-estar físico e mental que as endorfinas e as reações químicas desencadeadas pelas paisagens ao ar livre me proporcionam. Acredito ter estabelecido um diálogo silencioso com os lugares em que corri. Bosques, parques, trilhas na montanha, aqueles em torno de riachos congelados ou com vista para o mar, foram cúmplices de pensamentos, projetos, lágrimas e sorrisos que me são devolvidos quando os revisito. Eles têm um poder mágico sobre a alma que dura muito tempo. Os antigos gregos educaram a beleza no teatro, nos ginásios, nos pórticos com discussões filosóficas. Na noite dos tempos, a beleza esteve na origem da guerra de Troia, agora deve ser a origem das páginas mais intensas de nossas vidas.

A sensibilidade em relação ao cuidado da saúde, da beleza do corpo e da curiosidade cultural ressurge nos homens ao longo do tempo, deixando sempre marcas tangíveis de sua presença. A sociedade romana, que refinara a arquitetura para acomodar as termas, refinou paralelamente a medicina, nascida na Grécia nas ilhas jônicas. O mito conta que a medicina é um dom de Prometeu. O Titã, junto com o fogo, deu ao homem a capacidade de saber olhar. Cuidar, agora sabemos, é o resultado da soma da reflexão sobre o valor do nosso corpo e da atenção que sabemos dedicar a ele; o corpo é sagrado e precisamos saber ouvi-lo.

Nos anos em que Antonino Pio concluía em Cartago a construção de uma magnífica estrutura termal iniciada por Adriano para depois designar como seu sucessor Marco Aurélio, chegava a Roma o médico Galeno. Ele vinha de Pérgamo, na atual Turquia, um dos

86    Um *spa* para a alma

centros helenísticos mais famosos por sua beleza e cultura, sede de uma ilustre cátedra de filosofia e de uma muito renomada escola de medicina, onde o próprio Galeno estudou. Desde 162, viveu em Roma e teve tanto sucesso que ganhou a confiança dos imperadores, desde o próprio Marco Aurélio até Cômodo. Os médicos sempre foram predominantemente de língua e cultura gregas, pois a disciplina nasceu com Hipócrates no século v a.C., o século do teatro e da retórica, como um ramo da filosofia, do raciocínio sobre a complexa unicidade do homem, sobre a natureza e seus segredos. Hipócrates e Galeno, embora separados por muitos séculos, de alguma forma estiveram lado a lado na antecipação do médico moderno. Hipócrates transformou a medicina de um dom empírico de Prometeu em uma disciplina praticada através da experiência e do conhecimento. Galeno deu destaque aos seus estudos de anatomia, ricos em intuições, mas também em ingenuidades, que trouxeram cientificidade com o método de abordagem baseado na dissecação e vivissecção.

Tanto para Hipócrates quanto para Galeno, as qualidades morais e intelectuais de cada um estão ligadas ao bom estado de nossos órgãos internos, especialmente coração e cérebro. Suas diagnoses foram éticas e científicas ao mesmo tempo, suas terapias consideravam o bem-estar a partir do regime de vida, do ambiente e da alimentação.

"A maioria das doenças crônicas exige uma dieta de emagrecimento, tanto que muitas vezes se resolvem apenas com isso, sem recorrer a medicamentos: então aqui está a dieta": assim começa a *Dieta de emagrecimento* que Galeno escreveu em 170 d.C.; e acrescenta: "Sei com certeza que em alguns casos de artrite em estado inicial, sem ainda mostrar concreções calcárias nas articulações, com essa dieta algumas cessaram completamente, outras se reduziram".

Como o imperador filósofo Marco Aurélio usava o grego para escrever e nos deixar os pensamentos mais profundos que dirigiu a si mesmo, assim seu médico, mesmo conhecendo o latim, escreveu em grego. E ainda hoje o vocabulário médico é grego, como um cirurgião que opera com a mão, "χείρ" (*chéir*), ou como quem toma um antipirético para combater o "πῦρ" (*pur*), o fogo da febre, ou um analgésico para aliviar a "ἄλγος" (*álgos*), a dor. E galênicos são os preparados medicinais, nos balcões de nossas farmácias, como se nos quisessem lembrar suas raízes.

Galeno sabe, como nós, que se alimentar bem e cuidar do próprio corpo não é um luxo nem um capricho, mas um dever para com nós mesmos. E então nos dá conselhos para melhorar a qualidade de nossa vida, revisando vegetais, leguminosas, carnes, peixes, frutas, vinho, óleo, de acordo com suas propriedades e nossas necessidades, dividindo os alimentos em emagrecedores e engordativos, porque nosso corpo também precisa de alimentos que produzam humores corretos: "De fato, as substâncias que estimulam e aguçam os sentidos são penetrantes e eficazes para tornar a densidade dos humores mais solúvel".

Para Hipócrates, estar com o humor correto não dependia do acaso, mas do equilíbrio dos quatro humores que compõem o nosso corpo: sangue do coração, bile amarela do fígado, bile negra, ou melancolia, do baço e fleuma do cérebro. O predomínio de um ou outro no organismo dá origem aos diferentes temperamentos de cada pessoa.

Um temperamento quente e úmido será sanguíneo, um frio e úmido será fleumático, um quente e seco será colérico e um frio e seco será melancólico.

88  Um *spa* para a alma

Pensemos nisso quando quisermos entender qual é o nosso humor.

~

Falo frequentemente sobre beleza com meus alunos, tenho a sorte de ensiná-la e espero deixar essa marca em suas vidas futuras. Quando toco na relação entre beleza e corpo, sei que desperto curiosidade, especialmente no público feminino, que conhece bem a arte de projetar no próprio corpo ansiedades, sofrimentos profundos e fragilidades, e é por isso que gosto de incentivá-los a não superestimar ou subestimar a dimensão corporal, mas, mais simplesmente, avaliá-la a partir dos pequenos gestos. É um dom que nos foi dado e devemos sentir-nos responsáveis por ele.

Quando uma adolescente expressa sua dor e solidão através do corpo, está na verdade gritando. O corpo pode ser violado de muitas maneiras. Sobrecarregando-o de compromissos, quando vejo alunas excelentes no campo acadêmico, mas exaustas até o desfalecimento por ritmos de estudo autoimpostos. Desnaturando-o de sua feminilidade, torturando-o com dietas que, mesmo quando não levam a consequências graves, ainda assim afetam a qualidade da vida cotidiana. Entregando-o sem ouvir o próprio coração. Usando cosméticos e roupas minúsculas. Todas essas garotas que explodem de fragilidade gritam com seus corpos seu senso de abandono ou medo, e nós precisamos cuidar delas, segurá-las pelas mãos. Uma mão que se oferece com confiança, apertada a todo instante, se necessário fisicamente, se necessário com o pensamento. Uma mão firme que lhes diga o quanto são belas e o quanto precisam repetir isso a si mesmas todas as manhãs diante do espelho, não para acreditarem que são o centro do cosmo, mas para saberem que são uma parte preciosa e única dele.

Os gregos certamente não entendiam a beleza como algo a ser exibido ou escondido, ou pior, usado. Pelo contrário, trata-se de uma beleza a ser descoberta e cultivada como conquista da nossa unicidade, trancada a chave até que alguém nos ajude a fazê-la desabrochar. Só assim os dois espaços, interno e externo, começam a colaborar. Só assim é possível cultivar carisma e charme. Um é a "χάρις" (*cháris*), a *graça* grega, o outro é um "carmen", uma fórmula mágica latina cujos ingredientes são nossas qualidades interiores e físicas. Juntos formam nossa *personalidade*. Mas isso se aprende na própria pele, com o tempo e com as relações humanas.

Também fui neta, filha e aluna, e foi justamente nos anos mais complexos da minha adolescência, aqueles em que sofri minha cota de dor, na busca do meu espaço na sala de aula, na família, com os amigos, com os adultos, que compreendi que o primeiro espaço a conquistar era dentro de mim.

Quem me ensinou isso foi minha avó.

Conservo apenas uma carta dela, única, mas imensa, rica em doçura, delicadeza e erros de ortografia. Ela era simplesmente desarmante, com seu ensino fundamental incompleto, em sua tenacidade de mulher que atravessou uma guerra sentindo a saudade de meu avô distante, a fome e o medo. Desarmante em seu amor por mim, sua primeira neta, a quem nunca deixava faltar todo tipo de lanche que uma criança pudesse desejar e a quem recomendava estudar e sempre cuidar da própria autonomia. Ela e meu avô já haviam cuidado da autonomia da filha, permitindo-lhe, aos dezoito anos, trabalhar um ano inteiro em Londres. Era o sonho da minha mãe, agora uma esplêndida octogenária, que se tornou porta-voz

Um *spa* para a alma

da dedicação a si mesma. Minha mãe, agora eu sei, escolheu cuidar da ambição de mãe e de mulher. Tentou fazer corresponder o espaço interno e o externo, uma tarefa nem sempre linear. Agora entendo o esforço, o senso iminente de inadequação e, às vezes, de culpa que muitas vezes nos acompanham quando tentamos cuidar de nós mesmos sem negligenciar nossos amores.

A nossa personalidade se constrói cosmeticamente no sentido grego, isto é, colocando-nos em ordem, usando unguentos para suavizar nossas arestas e cuidar de nós, do corpo, dos nossos sentimentos. O nosso corpo, quando está conectado com nossa alma, a revela.

Para os gregos, a beleza é uma lente através da qual olhar para o mundo, e a paixão pelo belo é um fio invisível que liga suas vidas às nossas.

---

### PERCURSO DE BEM-ESTAR ACONSELHADO

Depois da leitura deste capítulo, só podemos fazer uma coisa. Fechemos o livro e cuidemos de nós. A cada um as suas endorfinas.

# VI

# Treinar as palavras

### Cícero e o *De Oratore*

*É lógico que sejam grandes as palavras daqueles*
*cujos pensamentos são profundos.*
— Anônimo, *Do sublime*

Somos as palavras que usamos.

Nosso horizonte tem a amplitude do nosso vocabulário: quanto mais palavras conhecemos, mais nosso mundo nos parece rico e colorido.

Os cinco sentidos e o alfabeto foram-nos dados para sentir o mundo, conhecer e nos fazer conhecer: imagino uma construção feita de peças de Lego que se amplia dia após dia com nossa curiosidade, cada bloco uma sílaba, cada sílaba pode se dispor nas mais variadas combinações, até se tornarem nossas palavras. Ler, estudar ou viajar são nossas oportunidades para encontrar pessoas e pensamentos, coletar as palavras que nos fazem dizer: "Não sabia disso", ou: "Nunca tinha pensado nisso", e depois tentar tirá-las de seu contexto para ver se podem fazer parte do nosso e, assim, adotá-las em uma nova construção de sentido. Encontrar a palavra certa é um exercício de profundidade, e quem sabe ir ao fundo das palavras sabe também ir ao fundo das pessoas.

## 92 Um *spa* para a alma

O exercício de profundidade de que disponho diariamente com os alunos é a tradução. Devemos nadar entre pensamentos e estruturas gramaticais que nem sempre têm uma correspondência exata com as do italiano e podem incutir um senso de temor.

Uma vez, comentando uma tradução do grego com um aluno do primeiro ano, enquanto tentava aproveitar sua inegável agilidade na escrita, sugeri que tentasse reler as versões uma vez terminadas e considerasse a coerência do texto em italiano. "Professora", foi a resposta imediata, "com tudo o que tenho de pensar ao traduzir do grego, a senhora acha que posso pensar também no sentido em italiano!". Uma resposta magnífica, que imortaliza o espanto de um adolescente de catorze anos diante da descoberta do quanto é complexo traduzir, um esforço mental e físico.

É desnecessário dizer que, ao longo dos anos, aquele garoto revelou-se um estudante de grandes conflitos e grandes satisfações, de traduções às vezes fantasiosas, mas sempre ligadas ao senso de respeito pelas palavras com que se esforçava para entrar nos conceitos gregos e latinos. Agora ele é engenheiro e, quando me vem visitar, me diz com certo orgulho que é chamado de "engenheiro letrado", e eu, com igual orgulho, lembro-lhe de quando me prendia em debates intermináveis sobre o sentido da tradução. Ele adotou o antigo *slogan* de que traduzir é trair, especialmente nos momentos em que os textos realmente se apresentam nos limites da compreensão.

De fato, uma vogal e duas letras "r" fazem-nos *trans-portar* (*trans-ducere*) — no fundo, a tra-dução é uma passagem — pensamentos antigos de um lugar para outro, à mão, ou fazem-nos entregar esses pensamentos a um inimigo, com traição, como implicitamente sugere o verbo latino "tradere".[12] Sempre procurei ensinar aos meus alunos que, enquanto traduzem, se tornam dubladores de vozes aparentemente mudas e, ao fazerem isso, abrem novos caminhos e tornam acessível a beleza para quem a quiser tocar.

E se quisermos continuar brincando com as vogais de "tradução", podemos transformá-la em "tradição" e dar ao verbo "tradere" seu sentido de "entregar": na tradução revela-se a transmissão de pensamentos, palavras, valores, hábitos culturais, reflexões, debates na base de nossas raízes, trazidos até nós e num sentido de continuidade para além de nós. Traduzir, como escrever, dá o gosto do esforço quase físico de encontrar a palavra, para fixar aquilo que se intui à primeira vista, mas só se conquista mergulhando no texto. Todo estudante envolvido nessa empreitada, seja qual for a língua que traduz e com qualquer rendimento escolar, contribui para criar uma comunicação cheia de significado, e não de acrobacias vazias.

Quando observo meus alunos trabalhando arduamente, sentados nos bancos com seus dicionários, penso que a tradução dá frutos porque é um trabalho de agricultores. E vejo-os separar com muita paciência, como os agricultores separam o trigo da palha, vejo o seu esforço em escolher a nuança de significado adequada entre as muitas possíveis e descartar outras.

Em grego, essa operação chama-se "κρίνειν" (krínein), "julgar e saber distinguir", e em italiano se define como "spirito critico", o fruto mais doce do seu esforço, um recurso hoje mais importante do que nunca para oferecer aos meus jovens tradutores, um exercício

---

12    A autora refere-se ao famoso trocadilho italiano envolvendo os verbos "tradurre" e "tradire", *traduzir* e *trair* — NT.

94    Um *spa* para a alma

de higiene mental, pois aguça a atenção às armadilhas e mentiras escondidas nas palavras ou no uso que delas se faz.

Sempre gosto de apostar nos meus jovens tradutores e focar em seu espírito bucólico: o hábito de comparar os significados das palavras gregas e latinas com os do italiano e tentar captar a tradução exata em nossa língua sedimenta-se e transforma-se com o tempo na atitude de ter um *critério*. É o filho do verbo "krinein", o tribunal interior onde se separam as informações confiáveis das que não o são, ao nos informarmos em busca de nossa ideia própria do mundo, e sempre carrega consigo o grilo falante que nos coloca em *crise*, quando obriga a escolher a fonte em que acreditar após compará-la com outras.

Quando me preparo para receber os jovens de catorze anos na atmosfera de promessas dos primeiros dias de aula, jovens que tenho a sorte de ver desabrochar até os dezoito anos, faço um pacto de confiança mútua com eles: confio em sua profundidade engaiolada em WhatsApps tão úteis e intuitivos quanto instintivos, e eles confiam nos músculos e nas asas que as palavras gregas e latinas, tão úteis e intuitivas quanto reflexivas, darão às suas. Um professor deve estar na linha de frente também na luta travada pelos jovens contra a dificuldade do velho dicionário, porque é *online* que eles olham quando se trata de tradução. As línguas antigas chegaram até nós com dificuldade e não valem atalhos, e ainda assim nossos cérebros estão se sintonizando na velocidade e capacidade de atenção de nossos jovens, que tende a se abreviar a poucos segundos, correndo o risco de impedir a descoberta da profundidade. Se somos, como sempre acreditei, as palavras que conhecemos, o pacto com os alunos deve incluir a cláusula de que se devem deixar de lado as armas da simplificação digital para empunhar as da exploração em seus infinitos recursos, em sala de aula, juntos. A sala de aula é um laboratório, e "labor" em latim significa "esforço", o esforço de desacelerar os ritmos junto com nossos alunos e fazê-los descobrir, por algumas horas por semana, o valor de se conceder tempo.

## *HAPPY HOURS* COM GREGOS E LATINOS

Durante os cinco anos de liceu, eles terão pelo menos quinhentas oportunidades de ouvir palavras de autores e incorporá-las em suas vidas. Seja nas traduções feitas em sala de aula, em casa, no inverno ou no verão, será um desafio que deixará uma marca profunda em sua personalidade, como deixaria em seus corpos um exercício diário de abdominais ou em seus corações uma história de amor. A construção da personalidade também passa pelo esforço de se encontrar sozinho diante de um texto, um dicionário e um teclado. Um esforço corajoso e contrário aos ritmos característicos dos meus alunos, mas que dará sentido à pessoa e à profissão que irão seguir, desmistificando a ideia de facilidade.

～

Existem palavras que nos pegam pela mão, palavras que colocam uma mão em nossa cabeça para nos proteger, palavras que nos incentivam, palavras que nos freiam, nos ferem e nos fazem apagar, milagres em sílabas pelo senso de assombro que conseguem produzir e pelo efeito que podem ter em nossa alma. Como medicamentos, devem ser dosadas com cuidado.

As palavras dos nossos jovens terão músculos proporcionais ao esforço empregado para extraí-las do dicionário e as asas de quem sabe usá-las para se comunicar: um belo milagre em sílabas, se

## 96  Um *spa* para a alma

pensarmos que ali, con-vivem "communis", "tornar comum" e "múnus", uma única palavra que significa "dom recíproco e dever".

Um jovem estudante que comunica, dando voz às palavras de quem agora não conhece nossa língua, cumpre seu dever como pessoa, doa isso junto a todos e para todos, e desempenha seu *munus* de ser humano. Deixar a beleza muda seria uma verdadeira traição!

Mas não basta pronunciar palavras para se comunicar, é preciso aprender a *alinhar língua e mente*, como Cícero nos diria, e encontrar seu equilíbrio e seu caminho entre "quem se expressa com gagueira mesmo conhecendo o assunto, não sabendo expô-lo com palavras, e a ignorância de quem é rico em palavras, mas não conhece o assunto".[13]

No *otium* contemporâneo de um *happy hour*, Cícero poderia contar-nos sobre um momento de *otium* da Antiguidade, imaginado no jardim da vila de Tusculum, nos arredores de Roma, de Licínio Crasso, um dos maiores oradores da época, junto com Marco Antônio. Ali Cícero ambienta o *De Oratore*, diálogo em três livros escrito entre 56 e 55 a.C. e ambientado em 91 a.C.

Oradores e homens políticos de destaque encontram-se num ambiente de lazer para discutir o futuro dos jovens e sonham com a formação ideal para que se tornem bons oradores, o que significa serem bons políticos e bons cidadãos: os jovens deverão aprender apenas técnicas retóricas ou deverão ter uma formação cultural mais ampla e complexa, composta de estudos filosóficos, jurídicos e históricos, além de sólidos princípios morais?

~

---

13  Cícero, *De Oratore*, III, 142.

Cícero nasceu em 106 a.C., em Arpino, e morreu em 7 de dezembro de 43 a.C., um ano após Júlio César.

A história de Cícero está intimamente ligada a mais de meio século de história política romana: a marca mais forte de sua visão de mundo foi a defesa intransigente da república, que morreu junto com ele para dar lugar a um novo curso, o do império.

Mas não seríamos os mesmos sem Cícero. Observando-o de perto, não podemos deixar de apreciar sua vasta cultura e a história de amor com o mundo grego que ele estudou, a começar pela língua, e injetou em seu pensamento para fazê-lo chegar até nós. Estudou retórica, cultivou a poesia, a gramática, a filologia e o direito. Cícero escreveu muito. Orações, obras retóricas, de teoria política, filosóficas, poéticas e uma coleção imponente de cartas, mas seu grande amor foi a filosofia, aquela filosofia helenística que também nutriria Sêneca e que agora entra em Roma graças ao esforço de um advogado fora dos padrões.

Encontraram-se e fundiram-se nele dois espíritos profundamente diferentes: o dos gregos, "cultura estrangeira refinadíssima que vem do outro lado do mar", com sua forma de olhar para a beleza apenas para contemplá-la e seu culto ao tempo livre para cuidar de si, e o dos latinos, com seu espírito prático baseado na atividade. Cícero libertou os romanos do sentimento de culpa de que a filosofia fosse um simples *otium*, transferindo-a para o *neg-otium*, literalmente a "ausência de ócio", a vida ativa, da política e dos tribunais, e instilou nos jovens a ideia de que é preciso começar pelo cuidado de si para dar o melhor à república e, diríamos nós, a qualquer profissão. Aos jovens, a tarefa de serem oradores, no sentido de quem possui a capacidade e a responsabilidade de induzir os concidadãos a tomar decisões úteis para o Estado.

## 98   Um *spa* para a alma

Um exercício árduo, e o próprio Cícero nos diz que se exercitava todos os dias improvisando discursos, especialmente em grego, porque, sendo mais rico e elaborado que o latim, o acostumava a falar de maneira elegante.

> A eloquência é uma das maiores virtudes. Por mais que todas as virtudes sejam iguais e de igual valor, uma pode ser mais bela e mais importante que outra, como a capacidade oratória. A eloquência abrange o conhecimento universal e, graças a isso, consegue expressar os sentimentos e pensamentos da nossa alma com uma força tal que leva os ouvintes para onde deseja. Quanto maior essa força, mais ela deve estar estreitamente ligada à honestidade e a uma sabedoria muito profunda.[14]

O orador ideal para Cícero é "pro-", está *à frente*.

Traduzir "probitas" e "prudentia", "honestidade" e "sabedoria", é um bom exercício, pois torna necessário valorizar o "pro-" de quem *pro-cede à frente dos outros*, cresce reto em seus princípios, deixando sua marca bem fixada em quem ouve, assim como é *prudente* quem é capaz de *pro-videre*, entender antes e julgar com discernimento o que deve ser feito e o que deve ser sabiamente evitado. Uma honestidade e sabedoria de ser que corresponde àquela de saber falar.

De vez em quando, é saudável sacudir os livros para coletar todas as ideias mais bonitas que surgem. As ideias vêm antes das palavras, são balões de pensamento que vêm da raiz "id" do verbo grego "ὁράω" (*oráo*), "ver". Estamos acostumando-nos agradavelmente à poesia dos verbos gregos e "ὁράω" não é exceção: de "id" vem "historia", a história, que com Heródoto o homem grego começou a escrever a partir do que havia visto pessoalmente. De "id" vem "ideia", a ação fulminante de uma intuição que toma forma em

---

14  Ibid., III, 5.

nossa mente. Em "id-" está o mundo da capacidade de se maravilhar e de contar aos outros a própria intuição.

O que mais me move é que meus alunos tenham a cabeça cheia de ideias, e a escola é o lugar das ideias; que se formulem, se inspirem ou sejam apropriadas, pouco importa; as ideias desfrutam da propriedade transitiva, e o importante é que os jovens preencham a mente e o coração de intuições com as quais construir-se.

A ideia de Cícero é que na base da pirâmide de valores dos jovens esteja o princípio de realidade da sabedoria e da honestidade: a gestão da *res publica* para Cícero, da "coisa pública" para nós, é uma realidade complexa que se baseia no bem comum. Honestidade e sabedoria significam construir seu caminho de crescimento sem atalhos, respeitar tempos e etapas com visão de futuro. Cícero dissipa o mito da facilidade, tão pervasivo em nossos tempos velozes.

Que saber expressar-se bem seja uma arte — portanto construção, empenho, disciplina — os romanos sabiam, e os gregos, antes deles. A retórica, *rhetoriké téchne*, de "εἴρειν" (*éirein*), "falar", indica as doutrinas relacionadas à arte do discurso. Em latim é "ars oratória". Em ambos os casos, a capacidade de fazer um discurso diante de um público está ligada às técnicas que regulam as modalidades de construção, identificadas pela primeira vez pelo filósofo Aristóteles no século IV. "Inventio/euresis", "dispositio/taxis", "elocutio/lexis" constroem a forma e o estilo de um discurso; "memoria/mneme", "actio/hypokrisis" servem para a sua exposição.

A *rhetoriké téchne* está intimamente ligada à cidade de Atenas: liberdade de expressão e democracia exigem cidadãos que saibam tecer discursos bem construídos para participar ativamente da vida política da cidade.

100  Um *spa* para a alma

Ao longo de todo o século v a.C., os cidadãos atenienses se emocionavam no teatro com as tragédias de Ésquilo, Sófocles e Eurípides e as comédias de Aristófanes, exerciam seu direito à liberdade de expressão nas assembleias políticas e nos tribunais; os filósofos de toda a Grécia se reuniam em Atenas para nutrir suas ideias, e os sofistas, os mestres da palavra, ensinavam técnicas com o poder quase mágico de cativar o ânimo do ouvinte.

Sob o mesmo céu, o homem grego expressa todos os seus talentos na comunicação de palavras, emoções e liberdade política.

Os gregos descobriram a extraordinária força intrínseca da palavra muito antes de existir uma técnica codificada em manuais, o que aconteceu pela primeira vez na Sicília, na Siracusa grega, quando esta também se tornou uma democracia por volta da metade do século v a.C.

O principal poder de um discurso é a persuasão; Peithó, filha de Oceano e Tétis, é a deusa que impõe sua força sobre homens e deuses. A palavra que persuade e seduz com o tom da voz tinha e tem o poder ambivalente de uma espada de dois gumes. Os gregos estavam bem cientes disso e fizeram dela um ensinamento importante na educação, já a partir de Homero, cujos heróis expressavam seu valor tanto nas batalhas quanto nas assembleias. Mais adiante, na segunda metade do século v a.C., surgiram em Atenas os sofistas, mestres que ensinavam, mediante pagamento, os segredos da palavra: "A poderosa senhora que com um corpo deveras pequeno e totalmente invisível realiza feitos extraordinários", dizia Górgias, o sofista mais importante juntamente com Protágoras.

O termo "σοφιστής" (*sophistés*) expressa em si, como se fosse um jogo do destino, uma atraente ambiguidade: "σοφία" (*sophía*) é a sabedoria por antonomásia, mas "σοφίζεσθαι" (*sophízesthai*) também significa "construir sofismas inúteis". De fato, os sofistas foram objeto de muitos preconceitos por parte dos contemporâneos por terem introduzido em Atenas a figura de um mestre itinerante que havia feito de sua cultura uma profissão, prática que parecia escandalosa para a mentalidade ateniense, acostumada a considerar a *pólis* e o teatro como os dois mestres de seus filhos. Ainda hoje definimos como "sofisma" um raciocínio feito de uma verbosidade inconclusiva. *Prostitutos da cultura ou mestres de virtude*, ensinaram gerações de jovens a se tornarem cidadãos ativos revelando-lhes as extraordinárias obras que a palavra pode realizar: usando um método baseado na experiência, precioso para aprender em qualquer escola, em qualquer época, exercitavam seus alunos na retórica, com a qual podiam sustentar uma tese e seu exato contrário de forma igualmente convincente. São as mesmas artes que também consideramos fundamentais nos debates televisivos e nos *talk shows*, como a técnica psicológica que arrasta os ouvintes para o lado do orador ou a moção dos afetos.

Foi Aristóteles, na metade do século IV a.C., quem escreveu o primeiro verdadeiro tratado sobre retórica, em três livros, e deslocou a atenção do aspecto emotivo para o argumentativo dos discursos. A busca das provas, *pisteis*, também estas nascidas da Peithó, a persuasão, servia para criar em quem ouve a "πίστις" (*pístis*), ou seja, "fides", isto é, "confiança".

Os estratagemas da comunicação dos sofistas influenciaram os discursos dos mais importantes políticos atenienses, os duelos retóricos nas tragédias de Eurípides e a oratória nos tribunais. Permearam a grande era ateniense dos séculos V–IV a.C., a de Lísias, Isócrates, aluno de Górgias, e Demóstenes. Os três gigantes nos quais se baseou a habilidade oratória do jovem Cícero.

## 102  Um *spa* para a alma

~

Mas para se exercitar nas tarefas do cidadão ou do político é necessário exercitar-se primeiro nas do homem:

> É preciso também ler os poetas, conhecer a história, escolher os mestres e escritores de obras literárias e científicas, estudá-los continuamente e louvá--los, explicá-los, corrigi-los, criticá-los e refutá-los a título de exercício; sobre qualquer assunto, seja a favor seja contra, e de cada assunto extrair e expor todos os elementos que possam parecer verossímeis. E estudar a fundo o direito civil, as leis, conhecer cada aspecto do passado e de cada norma do senado. Conhecer a constituição do Estado, os direitos dos aliados, os tratados e as convenções. E então alimentar-se de sagacidade e de humor fino, para espargir como sal sobre toda a eloquência.[15]

Na tranquilidade do jardim de uma vila fora de Roma, Cícero e alguns dos mais famosos oradores da época passavam o tempo falando de cultura.

É uma imagem que sempre encanta os jovens diante de uma paisagem que é um lugar, um *spa* da alma, onde Cícero e seus interlocutores podem refletir sem distrações. Nenhum SMS, *e-mail* ou celular tocando pode colocar à prova a sua capacidade de concentração. Muito pensamento, nenhuma tecnologia e a construção de um projeto de educação para os jovens, retores ou não. Cícero sonha com um jovem que, para crescer, tire proveito a mancheias da cultura e das ideias dos grandes para fazê-las suas, criticá-las, elogiá-las, transformá-las em ferramentas invisíveis de sua vida.

As disciplinas liberais eram as do trívio, o ponto onde se encontram os três caminhos da gramática, da retórica e da dialética,

---

15  Ibid., I, 158.

e as do quadrívio, onde se encontram os quatro caminhos da aritmética, da geometria, da música e da astronomia, e são definidas como "liberais" por serem características dos homens e, principalmente, por tornarem-nos livres. É a *humanitas* que distingue o homem que aprimorou a si mesmo através da cultura. Hoje corremos o risco de dar-se exatamente o oposto.

Se somos feitos das palavras que usamos, gosto de perguntar aos meus alunos, no final de um ciclo escolar e de vida, qual seria a sua palavra do ano, aquela que aprenderam ou que gostariam de adotar. Com grande surpresa, uma vez meus alunos escolheram um nome próprio, Telo, o Ateniense.

Conta Heródoto, o historiador das guerras persas do século v a.C., extraordinário narrador e pai da história, como o define Cícero, que um dia Creso, rei da Lídia, recebeu na corte os mais importantes sábios da Grécia, entre os quais estava Sólon, o legislador ateniense. Depois de exibir com orgulho e certa arrogância os famosos aposentos onde estavam guardados seus tesouros, perguntou a Sólon se ele já havia conhecido alguém mais feliz do que ele. "Telo, o Ateniense, é o homem mais feliz que já encontrei", respondeu Sólon, "um homem simples, que teve a alegria do amor dos filhos e netos, morrendo enquanto lutava com honra em defesa de sua cidade, depois de ter visto toda a geração que dele nasceu. Um homem que soube desfrutar da felicidade duradoura". Em seguida acrescentou: "De você ainda não posso dizer nada antes do seu último dia de vida, pois para tudo é preciso sempre considerar o fim, sem confundir a felicidade com a sorte".

A história de Telo é a história da palavra "felicidade", declinada em "εὐδαιμονία" (*eudaimonía*) e "εὐτυχία" (*eutychía*). "Eu", que significa "bem", agora reconhecemos, é o prefixo da positividade:

# 104 Um *spa* para a alma

"Eudaimonia" significa ter um *daimon*, que nos favorece e nos protege, enquanto "eutychia" significa ter a *tyche*, a "sorte", ao nosso lado. Mas Telo é mais, ele é "ὄλβιος" (*ól-bios*), porque sua *bios*, "vida", é *olon*, "completa", cheia de bens duradouros, aqueles que dão sentido à existência e a tornam feliz.

Telo é o paradigma da felicidade, que, como o latim "felix", encerra a raiz "fe-" de "fecundo" e de "φύω" (*phýo*), o modo de ser de cada um de nós, único e irrepetível. Nasce-se com uma natureza própria e ouvi-la e respeitá-la significa protegê-la da oscilação da sorte.

Uma árvore é *felix* quando sua natureza a faz dar frutos; nós somos felizes quando somos fecundos de vida, de projetos e de relações em sintonia com nós mesmos.

Telo é um nome para se vestir, como a camiseta estampada com a qual meus alunos se apresentaram em seu último dia de liceu. E toda vez que alguém lhes perguntar: "Quem é Telo?", meus alunos poderão começar a contar: "Era uma vez...".

---

### PERCURSO DE BEM-ESTAR ACONSELHADO

Um bom comunicador também precisa saber ser algo de ator em sua voz e gestos; Cícero exercitara-se nisso. Façam o mesmo entre amigos que os filmem, partindo de um assunto de que gostem, ou em sala com os seus alunos.

# VII

# O jardim misterioso da amizade

## Sócrates, Cícero, Homero

*O perfume e o incenso alegram o coração,*
*A doçura de um amigo tranquiliza a alma.*
— Pr 27

"Huckleberry" é a minha palavra da amizade.

Foi uma antiga amiga quem a deu para mim quando, ao final de uma de nossas conversas intermináveis, me disse: "Cristina, já sei, somos *huckleberry friends*. Se quiser descobrir a origem, pense nas nossas paixões! Boa caçada e bom divertimento".

Audrey Hepburn em *Bonequinha de luxo* canta: "My huckleberry friend, moon river and me"; "huckleberry" é ao mesmo tempo o mirtilo selvagem e o menino rebelde que confia sua liberdade aos ritmos do Mississippi, ambos protagonistas da história de Mark Twain que Raffaella e eu lemos impulsionadas pela descoberta de que era um dos livros preferidos de Ernest Hemingway.

*Bonequinha de luxo*, Hemingway, a ideia de liberdade um tanto selvagem e fora dos padrões são conexões virtuosas da nossa amizade, e cada amizade, como cada história de amor, tem as suas.

## 106 Um *spa* para a alma

Algumas etapas de nossas vidas permaneceriam achatadas na linha do tempo se não fossem as lembranças compartilhadas com um amigo. Os anos e os acontecimentos da vida podem nos afastar, mas os rituais que compartilhamos permanecem em nós como fios invisíveis. Em mim, guardo o fio de conversas num banco diante de uma paisagem deslumbrante e quilos de sorvete de creme mergulhado no café durante a preparação de um exame universitário junto com Raffaella.

Então, existe uma definição de amizade? É melhor não de-finir com um *finis*, ou seja, com um "limite", um sentimento; melhor investigá-lo e ampliá-lo sem medida.

Os adolescentes sentem uma curiosidade natural quando se fala de amizade, que compartilha a mesma etimologia do amor. Eles sabem que o amor é um tema cotidiano e estão sempre à procura desse mistério. No entanto, a amizade parece ainda mais misteriosa, quando procuram captar seus contornos nos bancos escolares, viveiro de sentimentos muitas vezes despercebidos.

É o nosso paradoxo, como bem se sabe: inventamos as redes sociais e estamos cada vez mais sozinhos, e para os jovens isso não pode continuar assim. Suas relações mais importantes, aquelas destinadas a deixar marcas profundas neles, deverão ser estabelecidas justamente nos anos escolares através de olhares, brigas e convivência, para além dos cliques. Portanto, é certo falar sobre isso sempre que possível, não porque eu tenha respostas, mas porque desejo ajudá-los a construir a arte do diálogo, para analisar as respostas suscitadas por suas perguntas e cultivar neles a dúvida.

Como Sócrates e Platão já haviam intuído, o diálogo é o método filosófico por definição, que hoje mais do que nunca seria oportuno inserir na escola como disciplina curricular. O diálogo sempre traz consigo uma relação de afeto e respeito, uma segunda voz que nos obriga a transformar nosso monólogo interior em uma disposição da alma onde há um "tu" e um "eu". O diálogo presta-se a dar forma a qualquer ideia, incluindo a amizade, que para os gregos e romanos era um tema filosófico. Afinal, dois amigos discutindo não estarão filosofando?

E então, o que é a amizade? — perguntou Sócrates no Lísis, o único diálogo de Platão que chegou até nós em que o filósofo fala da amizade.

> A amizade é um dos bens mais belos que se possam desejar, mas eu realmente não saberia dizer de que modo uma pessoa se torna amiga de outra.

Tudo começa quando Sócrates, durante um passeio por fora das muralhas de Atenas, entre a Academia e o Liceu, que serão respectivamente a escola de Platão e a de Aristóteles, encontra dois amigos que o convidam a segui-los até um ginásio recém-inaugurado. Lá, o filósofo encontra o jovem Lísis com seu inseparável amigo Menexeno. Fascinado pela amizade tão próxima deles, Sócrates começa a conversar com eles e a investigar, como de costume, todas as possíveis alquimias que fazem com que duas pessoas se tornem amigas.

Mas a discussão chega a uma "ἀπορία" (aporia), um "beco sem saída". A amizade é um movimento da alma, é irresistível, e Platão parece render-se diante da dificuldade de defini-la.

No entanto, uma a-poria, filosoficamente falando, pode vestir os trajes da oportunidade, despindo-se do *alfa privativo* e escancarando o *poros*, a "porta" através da qual se introduz o gosto da dúvida para construir um porto onde nos refugiarmos com nossas conquistas.

108  Um *spa* para a alma

A uma distância de séculos, meus alunos se fazem as mesmas perguntas que Platão e Sócrates e os olham como se olhassem para um espelho: o amigo do coração, nosso confidente, o olhar através do qual nos entendemos, escolhemo-lo porque é nosso espelho ou atrai-nos porque nos completa com sua diversidade? É alguém de quem precisamos como um doente precisa de um médico, ou é alguém que precisa de nós e nos gratifica com seu afeto? Pode existir um amigo desinteressado a ponto de amá-lo mais do que você poderia amar a si mesmo? E nós podemos amar sem querer ser retribuídos? Ademais, um amigo precisa ser semelhante a você na língua, na cultura, na fé, na pátria? A amizade é um mistério, como a raiz de sua palavra grega, "φιλία", um tesouro de significados que Platão desdobra para nós em seu diálogo.

A raiz "phil-" contém todas as nuances de afeto de que o coração de um homem é capaz. E é uma exclusividade grega!

Possui uma etimologia desconhecida para nós, não há nada comparável em outras línguas indo-europeias, e "φίλος" (*phílos*) e "φιλία" (*philía*), "amigo" e "amizade", tomam caminhos diferentes dos de "amicus" e "amicitia" em latim e em italiano.

Em sua origem, "phil-" não expressava uma relação sentimental; esse significado, como toda relação, é fruto do tempo. Homero atribui a ela um sentido de posse, uma posse exclusiva de algo inseparável de nós: "φίλον ἦτορ" (*phílon étor*) e "φίλον πάτερ" (*phílon páter*) são "o próprio coração" e "o próprio pai", e não poderiam ser de mais ninguém. Em seguida, o termo "philos" passa a indicar pertencimento a um grupo social, tendo originalmente uma ligação muito estreita com "ξένος" (*xénos*), "hóspede". "Philos" e "xenos" são duas palavras *recíprocas*: o hóspede que recebe é o *philos* da pessoa hospedada e vice-versa, assim como *xenos* é tanto quem hospeda quanto quem é hospedado, e desse segundo valor deriva o significado de "estrangeiro". São palavras de hospitalidade, uma das virtudes sobre as quais a civilização grega era fundada já desde a *Odisseia*, história de viagens em que Odisseu vagueia como estrangeiro em terras desconhecidas e encontra na hospitalidade o valor universal da civilização. Um código moral não escrito que impõe, em nome da solidariedade humana, presentes simples como comida e acolhimento, ou mais comprometidos, como o navio oferecido por Alcínoo a Odisseu para que ele possa voltar à pátria, mas que constroem pontes de humanidade e reciprocidade. Polifemo, ao contrário, no mundo da *Odisseia*, despreza e zomba da hospitalidade, mata os companheiros de Odisseu, devora-os e tenta capturar também o herói, mas é um monstro com um único olho no meio da testa. Vive numa caverna, onde não tem um amigo, ou seja, não tem com quem conversar. Porque um verdadeiro amigo é, sobretudo, alguém com quem confidenciar.

~

A raiz "phil-" enriquece-se com o tempo e com o uso, enche-se de afeto quando se aproxima dos laços familiares e, então, significa também "caro", "amado", "filho", "esposa", "marido" ou "pai". Enche-se de paixão quando se aproxima da esfera do "eros", e já em Homero "philia" também significa "enamoramento". Quando assume a forma de um verbo, "φιλέω" (*philéo*) torna-se a ação de *amar* no sentido de "preferir" e "apaixonar-se" em sentido erótico, até que entra em "φίλημα" (*phílema*) para *se tornar* um beijo e em "φίλτρον" (*phíltron*) para ser uma poção mágica do amor.

110 Um *spa* para a alma

Talvez seja esse o segredo grego da raiz "phil-", que antes de se tornar a raiz da amizade precisou ancorar-se ao sentido de pertencimento e reciprocidade para depois se completar na ternura erótica.

∼

Se Sócrates pergunta, Cícero responde com um diálogo filosófico, o *Laelius de amicitia*:

> Muito frequentemente, quando reflito sobre a amizade, parece-me que antes de tudo se deve refletir atentamente se a desejamos por uma fraqueza nossa e um senso de carência [...] ou se a verdadeira causa não é outra mais íntima, mais bela e mais ligada à nossa natureza. O amor, de fato, do qual a amizade deriva o nome, é o motor do querer bem. [...] Na amizade não há nada de falso nem de simulado e só há espaço para a espontaneidade. Por isso acredito que a amizade seja fruto da nossa natureza, não de uma carência nossa: é uma inclinação da alma. [...] O sentimento de amor e o terno dom do afeto nascem naturalmente quando há o sinal da honestidade.[16]

A palavra-chave da amizade é "honestidade". Um amigo não se trai, no máximo enfrenta-se, confronta-se; um homem e uma mulher, por outro lado, podem ser traídos, pois o enamoramento pode ser um impulso irracional. Um amigo torna-se tal porque não nos trai, porque nos defende num momento de fraqueza, porque faz a prova oral em nosso lugar se para nós não é um bom dia. As histórias de verdadeira amizade são histórias honestas, na verdade, são "sinal de honestidade", palavra que deriva do latim "honestum", mas não compartilha plenamente seu sentido. "Honestum" tem

---

16  Cícero, *De amicitia*, 26 e 32, passim.

uma dimensão pública na sua raiz "honor", "honra", que em Roma indicava tanto um cargo político quanto o reconhecimento do próprio prestígio. A dimensão íntima da honestidade está mais próxima da "probitas" de que escreve Cícero, uma forma de honestidade intelectual em relação a si mesmo e aos outros, aquele padrão comportamental que nos torna coerentes e confiáveis, estando sempre presentes e expressando juízos e conselhos equilibrados. É a atitude da alma em obedecer ao seu *mos* interior, sua "moralidade".

Recomendo sempre aos meus alunos que cuidem muito dos seus sentimentos e ouçam a inclinação da sua alma. Eles são o nosso mundo, aquilo que levaremos conosco por toda a vida como filhos, alunos, amigos, maridos e mulheres, pais e talvez avós. Os sentimentos nunca pedem permissão, explodem e exigem as chaves de casa para se mudarem para corpos que, por sua vez, estão passando por uma metamorfose física e psíquica. Qual pai ou professor não passou por uma fase de desconforto diante de um filho ou aluno que de repente se torna um alienígena, um *alius* que temporariamente pertence a outra pessoa e vive noutro lugar?

É muito simplista o silogismo que liga inquietação, redes sociais, isolamento e solidão. A construção do eu filosófico deles merece maior cuidado e atenção da nossa parte, mesmo quando temos a nítida impressão de não estarmos sendo ouvidos. É preciso prestar atenção a quem entregamos as chaves da nossa casa! Não são as redes sociais que ameaçam a sua esfera sentimental e limitam a sua capacidade de estabelecer relações profundas, são as maneiras intensas, mas demasiado imediatas, de sentir do coração, que expressam as emoções para fora e não para a parte mais íntima de nós. As palavras não mentem, as e-moções *ex-movent*, irrompem e fogem de nós logo após nos satisfazerem, deixando-nos sozinhos.

## 112 Um *spa* para a alma

Os afetos, por outro lado, tocam-nos ou atingem-nos, mas nós, que fomos *adfecti*, "atingidos", por alguém, saímos de nós mesmos para ir ao seu encontro, assim seremos pelo menos dois. Desta forma, lentamente, de afeto em afeto, abrimo-nos e revelamos aquele lado *tenerum* que está em algum lugar dentro de cada um, homens e mulheres, sutil e sensível, ainda não endurecido e que *se deixa tocar*; é a parte recém-nascida de nós, sempre nova, debaixo da casca, o livro fino onde nascem nossas novas fibras. A ternura, uma vez descoberta, desencadeia um círculo virtuoso, torna nossa superfície porosa e receptiva e nos faz flexíveis e resilientes. Assim, colocamos nossa casa interior em ordem e paramos de buscar asilo em outro lugar. Quando uma casa está em ordem, abre-se com mais prazer e naturalidade aos amigos.

~

Cícero situa seu diálogo sobre a amizade em 129 a.C., ano da morte de Cipião Emiliano, ilustre comandante e homem culto, refinado conhecedor da língua e da cultura grega e latina e, acima de tudo, símbolo da vanguarda cultural romana, ligado a Lélio, protagonista do diálogo, por uma estreita amizade. Cícero escreve em 44 a.C., num período difícil de sua vida, no qual enfrenta a perda da filha Túlia e pouco depois o divórcio de sua segunda esposa; no plano público, experimenta a profunda amargura de se ver gradualmente afastado e isolado. Após a morte de César, em 15 de março de 44 a.C., buscou retornar à política posicionando-se contra Antônio e pronunciando as famosas *Filípicas* que lhe custaram a vida. Quando escreveu o *De amicitia*, certamente não poderia imaginar que, dali a um ano, em 7 de dezembro de 43 a.C., enquanto tentava fugir de Roma, seria alcançado em Fórmia pelos sicários de Antônio. Naquele dia, mandou parar a liteira em que viajava, apoiou o queixo na mão esquerda e ficou parado, olhando para os assassinos que se aproximavam. Sua cabeça e suas mãos cortadas foram levadas a Roma e expostas acima dos *rostra* da tribuna dos oradores, de onde tantas vezes havia falado. Naquele 44 a.C., ele pôde sentir em sua pele o conforto de um verdadeiro amigo, aquele de uma vida, Ático, a quem dedica o diálogo, porque "a amizade melhora a felicidade e reduz a infelicidade, redobrando nossa alegria e dividindo nossa dor". Assim nasce um livro cujas páginas cheiram a vida e são agradáveis, porque impregnadas de reflexões fruto de uma sábia síntese de leituras e experiência pessoal interior, a experiência socrática.

Cícero tenta desmantelar o pensamento instrumental e utilitarista que em Roma permeava todos os setores da cultura, mais pragmática por definição em comparação com a grega. Quando Cícero escreveu seu diálogo, "amizade" comumente significava uma relação com implicações práticas no campo político, uma aliança baseada no interesse pessoal: o sentido de reciprocidade era interpretado apenas como troca de favores. Cícero desloca o centro de gravidade dessa relação em direção à gratuidade dos gestos da verdadeira amizade e a identifica como uma virtude. O raciocínio é de uma clareza cristalina: sem nunca perder de vista o objetivo final, ser o melhor cidadão possível significa ser uma pessoa que cultiva a amizade como uma virtude na vida privada, colocando-a à disposição também da cidade e do Estado. Uma arma política como pressuposto para a própria felicidade e para o bem comum. Cícero nem mesmo leva em consideração a amizade vulgar e medíocre, e coloca em segundo plano o prazer ou a utilidade que dela se possa extrair. A amizade não é cumplicidade, um verdadeiro amigo não pede para realizar ações incorretas, nem as faz pelo outro. Um verdadeiro amigo deve comportar-se como o nosso espelho, que nos devolve nossa imagem, nos acolhe, nos aconselha, nos apoia, mas não nos encobre.

A amizade, a verdadeira e perfeita, é para poucos, "deve ser colocada antes de qualquer outra coisa: nada é tão natural e nos apoia tanto nos momentos felizes quanto nos difíceis da nossa vida".[17] Como Lélio fez com Cipião, como Cícero fez com Ático. Cícero, com rara sensibilidade humana e cultural, vestiu a amizade com a roupagem grega que Aristóteles lhe havia dado na *Ética a Nicômaco*, uma coleção de lições que o filósofo provavelmente ministrou em Atenas entre 335 e 323 a.C. Uma amizade que também para Aristóteles abrange todas as nossas relações, da dimensão privada à pública, e que se encontra mais no amar do que no ser amado.

> A virtude preserva e é terreno fértil para a amizade. Nela há harmonia, constância, estabilidade [...]. Amor e amizade acendem-se à luz da virtude e, então, amar nada mais é do que querer o bem de quem se ama, sem pensar em nenhuma necessidade a ser satisfeita ou utilidade a ser recebida. [...] Era isso o que eu queria dizer sobre a amizade.[18]

Uma maneira de educar-se para os afetos é saber que eles existem, e Cícero parece saber disso quando faz Lélio dizer: "Procuremos entender que o sentimento de amor e o terno dom do afeto nascem naturalmente". Sentimento de amor e terno dom do afeto, *sensum diligendi* e *caritas benevolentiae*.

---

17 Ibid., 17.
18 Ibid, 27, passim.

## VII. O JARDIM MISTERIOSO DA AMIZADE 115

Para os latinos, o verbo "amare", em sua profundidade, indica o impulso quase involuntário que temos por natureza em relação ao outro. Em vez disso, "diligere", mais prudente e ponderado, indica o amor baseado na razão, aquele que se escolhe ter por nosso "ele" ou nossa "ela". E então há a "caritas", um dom gratuito que tem em si a "χάρις" (*cháris*): é a graça dos gestos que oferecemos, ou seja, a maneira de manifestar nosso afeto a quem amamos. Uma escolha de ternura. O homem, seja latino ou grego, é feito de inteligência e coração, e a amizade parece fundi-los em uma única chave de leitura. É um olhar, uma maneira de ser e de mobiliar nosso mundo interior.

> A amizade é uma virtude, mas também algo que acompanha a virtude, e é realmente indispensável à vida. Ninguém gostaria de viver sem amigos, mesmo que possuísse todos os outros bens.

Homero sabia bem disso, cronologicamente distante tanto de Cícero quanto de nós, mas nos narrou uma das mais belas histórias de amizade de todos os tempos, a de Aquiles e Pátroclo, imortalizada na *Ilíada*.

~

Os dois cresceram juntos depois que Pátroclo, que quando menino havia matado acidentalmente um companheiro de brincadeiras, foi salvo pelo pai em Ftia, onde o Rei Peleu lhe abriu as portas de sua casa e o criou junto com seu filho Aquiles, com aquele espírito hospitaleiro do qual os gregos se orgulhavam. Aquiles era um semideus, filho de um pai mortal e de Tétis, a mais fascinante das Nereidas, que tentou torná-lo invulnerável mergulhando-o no

## 116 Um *spa* para a alma

Estige, o rio infernal cujas águas tornavam a pele mais dura que o aço; mas, para que não caísse dentro dele, teve de segurá-lo pelo famoso calcanhar, que não foi, assim, molhado pela água prodigiosa. O Destino ofereceu a Aquiles a liberdade de escolher entre uma vida longa, mas inglória, e uma breve, mas cheia de honras. Aquiles optou pela segunda. A partir de então, teve de medir cada movimento da alma com a consciência de estar destinado a morrer na guerra. Aquiles sabe que nunca poderá voltar à sua pátria, sua casa é aquela guerra, ali está seu mundo, os seus afetos. Esse é o preço a pagar por haver escolhido para que viver. Nos cinquenta e um dias do último dos dez anos de guerra contados na *Ilíada*, Aquiles está como que emperrado. O herói que aterrorizava os inimigos com sua simples presença no campo de batalha permanece nu, com sua invencibilidade física: paralisa-se por causa de um sentimento, a "μῆνις" (*ménis*), a "ira". A ira de Aquiles é própria do herói homérico que tem um senso muito forte de honra e vergonha. A dimensão da guerra e do comando é o terreno no qual um herói testa a si mesmo e sua autoridade, a honra é a consideração pública de que goza e o botim de guerra é um sinal tangível do reconhecimento de seu carisma. "Τιμή" e "κλέος" (*timé* e *kléos*), "honra" e "glória", as palavras-chave do mundo homérico. Aquiles desafia Agamêmnon, chefe dos aqueus, diante da assembleia pela posse da escrava Briseida, parte do botim de guerra e subtraída a ele pelo rei. Ofendido por Agamêmnon, que não cede ao pedido, decide retirar-se da luta, deixando os gregos à mercê de Heitor e dos inimigos troianos.

Pátroclo é seu "φίλος ἑταῖρος" (*phílos hetáiros*), "caro amigo", que com sua presença preciosa e discreta o entende com um olhar. Os dois são diferentes na aparência e na personalidade. Aquiles

VII. O JARDIM MISTERIOSO DA AMIZADE 117

escolhe uma vida heroica, Pátroclo abomina a guerra e todo o horror que dela deriva. Apesar da diferença, são unidos por uma fidelidade absoluta e pelo lado *tenerum* que cada um compartilha com o outro. Quando Aquiles, herói, mas também jovem rapaz, alguns anos mais jovem que o amigo, mergulha em momentos de melancolia e ternura e se consola ao som da cítara, Pátroclo ouve-o em silêncio, assim como o segue à caça e o ajuda, mesmo odiando derramar sangue. O invencível Aquiles pode permitir-se demonstrações de fragilidade apenas para Pátroclo, além de sua mãe Tétis. É um presente inestimável termos alguém em nossas vidas a quem possamos abrir o doloroso tesouro das nossas feridas, que se tornam um lugar de intimidade, no silêncio do nosso jardim interior. Pátroclo tenta proteger Aquiles e gostaria de lutar em seu lugar, entrar na batalha e dar coragem aos aqueus. Angustiado pelo destino da guerra, implora a Aquiles que pelo menos lhe permita vestir sua armadura.

> "Aquiles, se no teu coração tentas evitar um vaticínio, se tua mãe te revelou algo da parte de Zeus, manda-me para a luta e pede aos mirmidões que me sigam. Concede-me usar tuas armas, e talvez os troianos, confundindo-me contigo, fujam da batalha e os filhos dos aqueus possam respirar, exaustos. Em batalha, basta um breve respiro. E nós, descansados, poderemos repelir para a cidade homens exaustos pelos combates, longe dos seus navios e tendas". Assim dizia Pátroclo implorando, verdadeiramente louco! Ele implorava para si uma má morte e o seu próprio destino.[19]

"O outro Aquiles" faz uma matança de troianos e finalmente enfrenta Heitor, que ao perceber a verdadeira identidade do guerreiro, mata-o gritando que agora seu caro amigo não está lá para

---

19   Homero, *Ilíada*, XVI, vv. 36–47.

## 118 Um *spa* para a alma

defendê-lo e não pode fazer nada por ele. A dor de Aquiles é atroz, e sua mãe Tétis vem consolá-lo, segurando sua cabeça nos braços, como uma mãe acaricia um filho assustado, em uma cena de ternura inesquecível. Mas é hora de Aquiles, resplandecente nas novas armas que sua mãe mandou Hefesto forjar, ir matar Heitor. Sua vingança é um grito de amizade desesperada. A amizade é um pacto profundo, e, com a morte do amigo, Aquiles perde uma parte de si. Perde sua parte de ternura. E essa parte grita de dor. Só por Pátroclo, Aquiles decide cumprir seu destino. Tal afinidade de sentimentos vivida no espírito camarada de um herói homérico e de um homem da Grécia clássica se traduz em uma atração íntima a nível espiritual e não apenas.

Sempre me impressionou o fato de que o léxico grego não inclui a palavra "homossexualidade" e, consequentemente, nem mesmo o conceito. Imaginei que fosse uma questão de convenção social e também de atração intelectual. Os casamentos, especialmente em Atenas, não aconteciam por afinidade de sentimentos e as mulheres viviam uma existência cujos limites físicos e culturais eram as paredes domésticas. A amizade cultivada entre pessoas do mesmo sexo unia mentes e corações, alimentava prazer e, portanto, também desejo e atração em um mundo com superestruturas muito diferentes das dos tempos modernos. O mesmo acontecia entre mulheres nos tíasos femininos da Jônia entre os séculos VII e VI a.C., basta pensar em Safo, testemunha de uma mentalidade que desapareceu com ela.

É difícil para nós hoje entender a paixão com que os gregos eram atraídos por uma alma e um corpo belos. A amizade e o amor eram uma extensão estética de sua inata busca pela beleza, e de uma *philia* que era e continua sendo uma reflexão grega sobre nossa vida emocional e o mistério da origem dos sentimentos.

A armadura de Aquiles é divina, é o símbolo de sua personalidade, sua segunda pele. Um presente que os deuses deram a seus pais, Peleu e Tétis, no dia de seu casamento, um sinal inseparável de sua coragem, disputada após sua morte por Ájax Telamônio, que enlouqueceu quando se viu injustamente privado dela.

Cada relação de amizade tem seu "símbolo", uma palavra belíssima, que para os gregos era um sinal de reconhecimento de uma antiga hospitalidade nunca esquecida, um objeto quebrado em dois e guardado até o momento em que seria possível *syn-ballein*, "juntá-lo" novamente. Cada um de nós é, no fundo, um *symbolon* vivo, como Platão nos conta, à procura da outra metade que nos corresponda, que se encaixe conosco e se ajuste perfeitamente à nossa alma. Como a armadura de Aquiles, símbolo da *philia* com a qual Pátroclo fecha de forma agradecida um círculo de amizade e hospitalidade inaugurado na sua infância. Como Huckleberry Finn, o *symbolon* interior que todo verdadeiro amigo saberá reconhecer e usar.

---

### PERCURSO DE BEM-ESTAR ACONSELHADO

A amizade é um sentimento quase inexprimível em palavras. Por isso, expressem-no com um quadro. Procurem uma pintura que represente o jardim misterioso do seu senso de amizade e, se forem professores, peçam aos seus alunos que reconstruam a narrativa escondida na obra de arte que escolheram juntos. Contemplar é uma maneira de nos ajudar a pensar.

# VIII

# A construção das raízes

## Quintiliano e o belo da escola

*Vivemos todos sob o mesmo céu,*
*mas não temos todos o mesmo horizonte.*
— Konrad Adenauer

A carteira escolar é um *symbolon* que nos une a todos, jovens e menos jovens; carregamo-lo dentro de nós por toda a vida, trampolim ou armadilha de desejos. Todo setembro, ano novo escolar, de sonhos e promessas, não deixo de sentir um aperto no coração quando vejo meus alunos bronzeados e confiantes, sentados em suas carteiras.

As suas carteiras! Algumas são um refúgio de livros empilhados como uma barreira: "Mantenha distância". Outras estão vazias de livros e cheias de desafio: "Você não dirá nada que me interesse". Outras ainda têm um estojo, um caderno e um livro aberto na página certa: "Estou aqui, pronto para meu dever diário". Outras se enchem com o arco-íris dos marcadores: "Você está falando de mim, das minhas nuanças, como você sabia?". Todas as carteiras são diferentes, assim como os rostos e almas de seus ocupantes, as Alessia, Elena, Margherita, Elisabetta, Giulia e as Gioia, Bianca, Anna, Roberta, todos os Giulio, Filippo, Cesare, Diego, Federico,

# 122 Um *spa* para a alma

Matteo, Rodolfo, Ruggero e Daniele, os Edoardo e os Aldo e os Ambrogio — a lista é longuíssima — com os quais se cria uma cúmplice sim-biose diária, uma "βίος" (*bíos*), uma vida paralela às aulas dos professores. Cada turma é um ecossistema construído por jovens que na maioria das vezes não se conheciam, não se escolheram e não escolheram os professores com os quais percorrerão um longo trecho de vida. Pensando bem, uma turma é uma sinfonia construída com base em diferenças de pensamentos, olhares, atitudes, desejos, medos, ansiedades, que crescerão junto com seus companheiros de viagem. E a carteira é um tapete voador de onde se fazem os ensaios gerais para entender qual é o próprio lugar no mundo e aprimorar o ponto de vista a partir do qual olhá-lo. Um ponto de vista que será único e irrepetível, ancorado à raiz da escola, que crescerá gradualmente ao lado da raiz da família, até que ambas se entrelacem dentro de nós.

Eu também tive na escola olhos de professores que me viam quando eu mesma não me conseguia enxergar.

Laura cuidou de mim aos catorze anos, cheia de inseguranças, fortalecendo-me no corpo e na alma com suas listas de verbos e suas versões de grego escritas à mão, com uma caligrafia muito elegante. Era seu jeito de nos dizer, de me dizer, que pensava em nós à tarde, dedicando-nos tempo, confiança e paixão. Dedicava-me tempo, confiança e paixão. Cada acento e cada espírito escritos com a caneta-tinteiro eram para mim como carícias, quase diárias, como as listas de verbos que nos passava.

Marzia cuidou do meu senso de rigor aos dezessete anos, da mulher e da mãe que sou. Correção e transparência eram suas palavras mais recorrentes. Nas aulas, nos estudos, nas pequenas escolhas diárias. Na busca contínua pela beleza. Sendo composta de um rigor elegante e afetuoso, deixou-o impresso em mim como uma tatuagem. Encontro essas qualidades em muitas das minhas ações, não só através da lembrança, mas também através da presença e do olhar delas, porque, no fim das contas, trata-se sempre de uma questão de olhares, que tento retribuir a quem amo. Fui afortunada, tive mestres que me ajudaram a bem-estar no meu modo de estar no mundo, principalmente quando me via uma aluna tímida, cheia de medos e com muita dificuldade de encontrar um espaço só meu. Desejo ensinar desde que me lembro por gente, e uma série de livros de receitas da minha mãe, anotados com cuidado como se fossem poesias escritas por alunos imaginários, estão ali para testemunhá-lo. Quando comecei realmente a ensinar, pensei que era minha vez de retribuir uma regra não escrita e intrínseca da vida.

~

Gaia, hoje professora de grego e latim, um dia, em seu último ano de escola, decidiu expor diante de mim toda a sua sensibilidade, seu algo a mais e sua condenação; "δεινή" (deiné), maravilhosa e ao mesmo tempo terrível, talvez diria um grego usando um adjetivo cuja raiz "dei" significa temer e que descreve de maneira intraduzível o espanto diante de algo excepcional. Uma alma porosa a dela, aquela em que nada passa despercebido, receptiva a qualquer olhar, palavra ou gesto.

A alma dos adolescentes é cheia de espaços microscópicos ainda vazios, aqueles poros que em grego também soam como *poroi*, "portas" que abrem para o mundo todos os seus sentidos. "Como perdura o *sabor* com que enches os recipientes novos", escreveu

124 Um *spa* para a alma

Quintiliano no século I d.C., captando a estranha predisposição da nossa psique pela qual o que permanece impresso de forma indelével são muito frequentemente os *sabores* que nos feriram.

> O bom professor deve observar, antes de tudo, as aptidões naturais de seus alunos. Nos pequenos, um sinal de inteligência é sobretudo a memória: as crianças têm uma dupla virtude: compreender com facilidade e lembrar com fidelidade. O segundo indício é a imitação, sinal de maleabilidade e facilidade de aprendizagem [...]. Os jovens alunos aprenderão com facilidade o que se ensina a eles; na verdade, pedirão para aprender cada vez mais, preferindo seguir a preceder. A inteligência precoce dá os seus frutos quase nunca por acaso. Depois de observar essas coisas, o professor deve encontrar a maneira certa de tratar a alma de cada aluno: alguns, se não estimulados, são preguiçosos, outros são refratários às ordens, outros ainda são contidos pelo medo e outros são prejudicados por isso; o trabalho assíduo pode forjar alguns e dar mais impulso a outros. Quero cuidar daquele jovem que é estimulado por um elogio, para quem a glória faz bem, que chora quando é derrotado: é o tipo de jovem que deve ser alimentado nas suas ambições, a repreensão o morderá, a honra o estimulará, nunca devo temer que nele possa haver preguiça.[20]

Percebia a dificuldade de Gaia já na primeira aula de teatro, quando teve de se afastar do círculo dos colegas de classe e ficar sozinha, no meio de um espaço vazio, sob o olhar de todos. De repente, o corpo é um fardo difícil de controlar, como se sentisse pela primeira vez que tem mãos para deixar à mostra, fora dos bolsos, junto conosco e com o valor que damos a nós mesmos. É uma questão de autoestima, saber dar o valor merecido àquele "αὐτός" (*autós*), pronome grego de engenhosidade tão multifacetada que, para traduzir em italiano, são necessários três: um pessoal, você. Um determinativo,

---

20  *Institutio Oratoria*, I, III, 1–4, 6–7, passim.

com que você se coloca em relação a quem fala e ouve. Um intensivo: não apenas você é e está ali, mas você é exatamente e apenas você. Você compreende o seu *valor*, tem *estima* por si mesmo e constrói seu senso de *honra*. Para os heróis de Homero, tratava-se de "τιμή" (*timé*), "honra", "valor", mas também "apreço", aquilo que compreendiam ter através dos olhos dos outros. Não é tão diferente a construção da nossa autoestima, que passa, como para Aquiles, por dons que nos tornam visíveis a nós mesmos. Para Aquiles, o botim de uma guerra acende ou apaga sua *timé*, assim como meus alunos são apagados ou acesos pelo nosso fazer ou não com que se sintam bons, seguros, adequados. Palavras como "valor" e "estima" são alienígenas que, se se apoderam dos nossos jovens, determinam seu futuro, desejos e ambições. O "amb-eo" latino era o verbo que indicava andar por aí fazendo propaganda eleitoral e circunvagar alguém para obter mais um voto. Mas "ambire", despojado em italiano de seu significado original, significa mais simplesmente buscar seu próprio consentimento, circunvagar seu próprio medo para sair da concha e fazer *e-mergir* e revelar a parte de nós que pulsa para poder florescer. A ambição, quando saudável, é filha e fonte dos nossos desejos.

Lembro do episódio com minha aluna Gaia. Durante o segundo ano do liceu, ela me pediu um livro de língua grega de que eu falava muito em sala. Curiosa, queria tê-lo por um tempo. Como muitas vezes acontece com os livros que amo, possuo duas cópias. Os objetos são as impressões digitais das pessoas. Os livros, então, contêm os olhares que os leram e as mãos que os folhearam; quando os emprestamos, fazemos também uma troca íntima de almas. Quanto mais se empresta, mais almas se trocam, as dos seus autores e as dos seus proprietários. Minha cópia, tão usada que tinha a capa rasgada, e a nova, para manter caso a primeira se desgastasse totalmente. Minha cópia nova emprestei a uma colega de classe de Gaia, curiosa pela curiosidade dela. Mas o que para mim foi um gesto de extrema confiança, ou seja, confiar a Gaia a cópia mais "vivida", a rasgada, traduziu-se para ela como um sinal de falta de respeito, como se sentisse que não valia um livro intacto. Aquele rasgo eu fiz nela.

~

A sala de aula é um laboratório onde nem sempre são necessárias palavras; na verdade, as palavras devem ser medidas como medicamentos e não existem mapas nem alfabetos para conhecer o nosso labirinto interior. No laboratório da sua classe, Gaia experimentou sua natureza, de quem tem o rasgo nos olhos, os quais primeiro deve aprender a pousar sobre si mesma com respeito.

Cada aluno tem seu *horizonte*, o "ὁρίζω" (*orízo*) que desenha a linha de seu espaço. Limitado, para medir e decorar com a própria vida, e ao mesmo tempo indefinido, para preenchê-lo com a sequência infinita de momentos que descobrirá dia a dia. O verdadeiro horizonte de cada um, hoje como ontem, acredito estar encerrado no uso totalmente grego do aoristo. Trata-se de um modo verbal que olha para o mundo "ἀ-όριστος" (*a-óristos*), sem o limite que colocamos se considerarmos os vínculos de tempo e espaço. Cada adolescente deve buscar e construir o aoristo de seu horizonte, inventar seu bem-estar entendendo quem é: "γνῶθι σαυτόν" (*gnóthi sautón*), "conhece-te a ti mesmo"; exatamente você e ninguém mais, descubra que na sua pele você pode aprender a estar muito bem. Quando? Agora, sempre, pouco importa. Aqui, o aoristo ilumina. Conhecer-se é um imperativo gramatical, conhecer-se

VIII. A CONSTRUÇÃO DAS RAÍZES  127

com o aoristo é um imperativo da alma. A escola é o lugar que oferece as ferramentas para termos uma vida interior.

Por outro lado, os gregos imaginaram a escola assim, começando pelo nome, "σχολή" (scholé), "tempo livre".

Habita em nossas raízes a intuição de que o valor do tempo livre para dedicar à própria educação, aquilo que os latinos chamam de "otium", e o lugar onde as pessoas são educadas podem coincidir e juntos colaborar para construir esse bem-estar que não é inimigo do rigor; muito pelo contrário. Quanto melhor se está, mais nossos neurônios são receptivos e prontos para o que a vida nos coloca diante dos olhos. Certamente, a cultura para os gregos da Antiguidade, e para muitos povos ao longo da história, era para aqueles que podiam dar-se ao luxo de ter tempo livre, e dedicar-se ao cuidado da mente e ao estudo era um compromisso escolhido com paixão e desejo de saber.

Eles não a chamavam de "escola", que tem a ver com paredes, salas de aula e limites de espaço. Na verdade, os gregos falavam de "educação". Em italiano, sentimos muito bem o desafio desse ex--ducere latino, conduzir alguém para fora de si mesmo para guiá-lo a conhecer através da experiência, do estudo, da vida, do exemplo. Mas os gregos entenderam a educação de uma perspectiva precisa, a da pessoa, e a chamaram de "paideia", de "pais", a criança, ou seja, o futuro.

O projeto educacional deles ia além da educação escolar em sentido estrito e se expandia por toda a vida de uma criança que se tornava homem, sonhava com ele, moldava seu corpo e alma, preparando-o para o cidadão e o guerreiro que ele seria.

A paideia era composta de lugares, pessoas, ideias sob o céu aberto da pólis, com suas assembleias, seus tribunais, seus teatros, seus ginásios e seus lugares onde se praticava a filosofia. A educação estava "παντσχοῦ" (*pantachú*), "em toda parte", dizia Platão, ao alcance da curiosidade. Recorde-se que a escola grega nasceu no ginásio: os ginásios fortaleciam o corpo e a cidade fortalecia a mente, uma combinação que oferece seus melhores frutos também aos alunos de hoje.

A *pólis*, célula cultural, política e social de um sistema que, sobretudo em Atenas, dava grande espaço ao debate e à *parresia*, "liberdade de expressão", *com absoluta franqueza*, cresceu e desapareceu entre a época arcaica e a clássica, entre meados do século VIII e o final do século IV a.C., para dar lugar às cidades helenísticas.

Cada *pólis* tinha seu modelo educacional: a educação espartana formava um adulto guerreiro e obediente. Em Esparta era assim, e a sua escola chamava-se "choros", grupo de dançarinos que dançava e recitava no centro do teatro, o "choregos" era o maestro-diretor e "choregein", "ensinar", um vínculo entre música e guerra, em que uma cadenciava os tempos da outra, educava à disciplina da marcha quando o *aulos*, a *flauta* e os cantos ritmavam os movimentos do exército. A escola é um coro, um trabalho de todos. As crianças espartanas passavam os primeiros sete anos de vida em casa, depois eram colocadas sob o controle de uma figura mais semelhante a um funcionário do Estado do que a um mestre, o "paidonomos", "prefeito das crianças". Divididos por idade, aprendiam a viver em grupo e a obedecer a uma disciplina rígida, sendo severamente punidos em caso de erro. Uma única roupa e um único manto para todo o ano, refeições escassas para se acostumarem ao jejum, leitos improvisados, rudimentos de leitura e escrita, muita atividade atlética. Após o curso de formação, seguia-se o curso de sobrevivência: poucos jovens escolhidos eram afastados da cidade e munidos de

VIII. A CONSTRUÇÃO DAS RAÍZES 129

um punhal e de alimentos. De dia, ficavam escondidos, à noite, iam caçar ilotas, os servos da gleba na escala social espartana, para atacá-los e matá-los como treinamento.

A educação ateniense, por outro lado, formava um adulto guerreiro e cidadão-filósofo, livre. Também em Atenas as crianças eram cuidadas em casa, pelos pais ou por um pedagogo, um escravo culto. E, sempre por volta dos sete anos, eram confiadas a um gramático que lhes ensinava a escrever em tábuas cobertas de cera. Os rolos de papiro, nos quais se escrevia com o *kalamos* embebido em tinta, chegariam apenas no século IV a.C. O esforço que as crianças gregas faziam para aprender está todo no verbo "ἀναγιγνώσκειν" (*anaghignóschein*), que significa "reconhecer". Com efeito, era disso que se tratava, já que sob seus olhos passavam linhas inteiras de palavras escritas em letras maiúsculas, sem espaços em branco e sem sinais de pontuação. O fato é que seus livros de formação, aqueles com os quais sonhar, crescer e aprender de cor, eram principalmente a *Ilíada* e a *Odisseia*, seu ginásio de leitura em voz alta que os acompanhava junto com o treinamento na *palaistra*, presente em todas as escolas, onde ocorriam as competições esportivas. E então a educação musical, que, junto com a dança, corria nas veias de todos os gregos, tanto em Esparta quanto em Atenas, se pensarmos em Homero, recitado e cantado pelos *aedos* com o acompanhamento da cítara. Uma virada na educação ateniense ocorreu com os sofistas no século V a.C., os mestres da retórica, que passaram para a história como os primeiros professores profissionais. Cuidavam de quatro ou cinco alunos de cada vez, para personalizar ao máximo seu ensino e guiá-los especialmente nas técnicas que facilitavam a produção de ideias. Uma escola da imaginação.

130  Um *spa* para a alma

Em Atenas, aprendia-se a olhar para o belo não para fixá-lo como faríamos hoje com uma fotografia, mas para contemplá-lo, em latim "contemplare", de "cum" e "templum". Os jovens cresciam acostumados a observar o voo de seus pensamentos e raciocínios dentro de um *templum*, originalmente o espaço onde os sacerdotes observavam o voo dos pássaros para prever o futuro, qualquer espaço livre e vasto onde se eleva o olhar e o pensamento voa. Um pensamento tão elevado que depois indicará um lugar sagrado e divino. Este era o ar que os estudantes respiravam em Atenas, desde crianças.

Os latinos também conservam em "ludus" o fascínio da particularidade gramatical em que a mesma palavra pode significar jogo e escola primária, onde é verdade que as crianças aprendem imitando com brincadeiras. E em Roma, como em Atenas, foi preciso tempo para chegar à figura de um professor profissional com Quintiliano, no século I d.C.

Antes dele, seguia-se um percurso desde a infância até o ensino superior que começava com o *ludus magistri*, um lugar ao ar livre que reunia crianças de diferentes idades, onde ocorria a introdução ao alfabeto e à leitura. "Ludus" era também a escola do gramático e do retórico, frequentada a partir dos doze anos para completar o currículo necessário ao exercício das profissões de político ou advogado. Mas de *ludus* nessas estruturas havia apenas o ar livre, certamente não o aspecto lúdico e despreocupado, se confiarmos nos testemunhos de famosos poetas que relatam a severidade com que eram punidos por seus mestres. Foi necessária a conquista da Grécia no século II a.C. e a crise da república romana no final do século I a.C. para dar respiro à *sapientia* voltada às *res*, às "coisas", ao lado concreto da realidade, que sempre caracterizou a *forma mentis* romana. Horácio, no século I a.C., sintetizou em uma expressão eficaz, "a Grécia, embora tenha sido capturada, venceu seu feroz vencedor",[21] o que gosto de contar como um prodígio de fusão entre culturas: a mente criativa e contemplativa grega que encontra a mente prática romana e dá vida a uma síntese completamente nova, na qual Cícero e Sêneca reinterpretam suas raízes e as prolongam até nós. Um prodígio inter-cultural que nutre a identidade dos meus jovens alunos com a mala sempre pronta, internacionais, prontos para conhecer, comparar, viajar, estudar línguas e ser cidadãos do mundo.

Há algum tempo, Dom Aldo, um mestre que acompanhou longa parte da minha formação profissional, ensinou-me que os jovens, embora de nacionalidades, culturas e religiões diferentes, mas com consciência e orgulho de suas raízes, se colocados na condição de compartilhar brincadeiras e estudos, são a melhor promessa de paz. Eu acredito nisso e faço com que aconteça.

Em Roma, muitos gregos que haviam chegado, frequentemente como escravos de guerra, acabaram assumindo o papel de pedagogos e contribuíram para difundir uma nova cultura nas famílias mais abertas à helenização: ensinavam grego como segunda língua aos jovens e os formavam, ou seja, davam *forma*, que em latim é *beleza*, ao seu pensamento.

Quando o ocaso da república pôs fim à liberdade de expressão que triunfava nos tribunais com Cícero, também a retórica e a oratória perderam o sentido, começando pelas escolas. Os jovens foram educados em uma técnica que não tinha mais correspondência na vida prática, numa escola desvinculada do Fórum, centro vital

---

21 "Graecia capta ferum victorem vicit".

132 Um *spa* para a alma

da cidade, onde se exercitavam em meros jogos e provas de ginástica linguística, porém distantes da realidade concreta. Foi um tema de grande atualidade em Roma, tratado pelos intelectuais mais importantes por mais de um século. Petrônio, Tácito e Quintiliano se questionaram e questionaram as consciências de políticos e pais sobre a razão de haver uma crise cultural, na qual política, educação familiar e escola tornaram-se incoerentes entre si.

Quintiliano, que viveu e trabalhou sob a dinastia dos Imperadores Flávios, sofreu mais do que outros a dificuldade de encontrar modelos dos quais recomeçar. Nascido na Espanha em 35 d.C., formou-se em Roma, onde era advogado e professor de retórica. Conhecia o mundo da educação por dentro, e foi o primeiro titular de cátedra de escola pública em 78 d.C., quando o Imperador Vespasiano a instituiu, e ao mesmo tempo era tutor privado dos bisnetos do Imperador Domiciano. Nessa dupla função, ele achou que era hora de recomeçar pela escola. Escreveu a *Institutio Oratoria*, a "Formação do orador", nos últimos seis anos de vida, quando se retirou do ensino ativo e decidiu presentear-nos com o ponto de vista de sua experiência de vinte anos.

Quintiliano percebe o valor fundamental da educação e não tem medo de parecer anacrônico quando afirma com veemência a necessidade de retornar aos modelos do passado, especialmente nos momentos de crise. Seu coração está na escola. Ali concentra todas as suas energias em imaginar o adulto *in pectore* que se senta diante dele todas as manhãs. Ele pensa em uma escola que seja um lugar de permanência, uma nova ágora, a praça, coração da vida política e cultural da *pólis* grega. Ele a imagina como uma sala de aula onde crescer, aprender e estar à vontade; pensa nos professores contagiantes em sua paixão e também se preocupa em refletir sobre as leituras que nutrirão a mente dos alunos. Quintiliano então revisa a lista de seus clássicos, que também são nossos, e os prescreve com o mesmo cuidado com que se escolhe um alimento saudável para um filho, para que de cada livro possa extrair seiva vital e exercer seu próprio gosto.

"Adiei até o último momento falar sobre Sêneca", escreve Quintiliano,[22] "porque se espalhou injustamente o boato de que eu o critico ou, pior, de que eu o detesto. Isso me acontece enquanto tento trazer a uma maior sobriedade de gostos um estilo de eloquência já corrompido e arruinado por todos os tipos de defeitos: os jovens daquela época se interessavam quase exclusivamente por ele".

Superando meu amor inabalável por Sêneca, reconheço a severidade do professor do século I d.C. que busca, como nós, os melhores modelos possíveis para seus alunos. O eixo da educação antiga, primeiro grega e depois romana, era a retórica, o espelho de uma alma bem construída, uma alma que sabe o que é conveniente para si mesma, para quem está ao seu redor e para o Estado. "Grande parte da retórica consiste na imitação", diz Quintiliano,[23] e uma vez que é inata em nós a tendência a seguir os exemplos de quem admiramos, é necessário escolher bons exemplos. Sêneca, aos olhos de Quintiliano, é um autor genial nos conteúdos, mas deseducativo no estilo muito impactante, fascinante de ler em suas frases breves, incisivas e inesquecíveis, mas com uma gramática fragmentada. Sempre que Sêneca omite as conexões sintáticas para chegar mais rapidamente às emoções de seus leitores, impede

---

22  X, I, 125.
23  X, II, 1.

que os jovens que desejam imitá-lo compreendam as conexões lógicas existentes na gramática das coisas. Pelo contrário, as páginas de Cícero, o pai da retórica, são uma saudável academia de ideias bem pensadas e expressas com uma rigorosa organização gramatical, daquelas que treinam os jovens a reconstruir uma harmonia hierarquicamente organizada entre os múltiplos aspectos da realidade. Saber falar e escrever com profundidade de gramática e pensamentos é a característica intrínseca da pessoa honesta. Quantas vezes essa palavra retorna quando falamos de clássicos. E a pessoa honesta é aquela dotada de um grande ânimo. A própria natureza dá-nos tudo aquilo de que precisamos para ser grandes, e Quintiliano, ao pensar nos jovens, pensa em sua grandeza inata e em como descobri-la. Um autor grego anônimo, chamado pelos estudiosos de "Pseudo-Longino" e provavelmente contemporâneo de Quintiliano, em seu livro *Do sublime* escreve que,

> na medida do possível, é preciso educar as almas à grandeza e torná-las de certo modo fecundas de impulsos nobres. De que modo, tu dirás? Já te dei uma resposta semelhante: o sublime é o eco de uma grande alma.

Cada um de nós merece crescer através do confronto com os grandes que nos abraçam de longe e merece sentir aquele sentido de sublime, "ὕψος" (*ýpsos*), em latim "sub-limen", o ponto suspenso sob o arquitrave de uma porta e, portanto, o ponto mais alto de se olhar, tão alto que causa vertigem. E sentimos isso quando nos encontramos sozinhos diante da beleza da arte, seja uma pintura, livro, pôr do sol ou sentimento muito forte, e saboreamos um gole de grandeza. Abraços que são descargas de endorfinas e que se recebem nos bancos escolares. Se o abraço de Alceste deu aos meus alunos um pouco de força para amar e o olhar de Prometeu lhes deixou uma marca, então a escola se tornou vida, dotou-os de sua cota de grandeza e está desenhando com harmonia suas raízes e horizontes.

"Eu mesmo tive a oportunidade de observar erros tanto em Homero quanto em outros grandíssimos autores" — continua o autor anônimo do *Sublime* — "sem jamais, no entanto, me deleitar com suas falhas. Na verdade, não os defino como erros voluntários, mas como desatenções devidas à incúria, casuais e produzidas involuntariamente pela sua grandeza".

Um pensamento muito longo para ser tatuado, mas perfeito para nos dar um abraço quando precisamos dizer aos nossos filhos, aos nossos alunos e a nós mesmos que o direito ao erro também é uma ressonância de uma grande alma.

---

### PERCURSO DE BEM-ESTAR ACONSELHADO

Tirem das caixas ou gavetas (ou, se forem professores, mandem seus alunos levar para a aula) fotografias, boletins, cartas, *e-mails* ou livros em que conseguirem identificar os filamentos das suas raízes e revivam-nas como se fossem capítulos de uma biografia de vocês. De vez em quando faz bem olhar para si mesmo.

# IX

# Nós, vós, eles

## A filantropia de Menandro

*Atenas continuava sendo a minha parada predileta;*
*maravilhava-me toda vez o fato de que o seu encanto*
*dependesse tão pouco das minhas memórias, tanto as pessoais*
*como as históricas: aquela cidade parecia nova toda manhã.*
— Marguerite Yourcenar, *Memórias de Adriano*

No palco de um teatro em Atenas fala Pã, o deus dos bosques e dos encontros inesperados:

> Deveis imaginar que este lugar é Fila, na Ática [...]. A propriedade à direita é de Cnemão, um misantropo, colérico com todos, que não gosta de gente. Mas que digo "gente"? Desde que nasceu, nunca dirigiu a palavra a ninguém primeiro [...], exceto a mim, forçado a fazê-lo quando passava por mim. Com esse temperamento, casou-se com uma viúva que tinha um filho do primeiro marido; com ela brigava não só o dia todo, mas também a maior parte da noite. Uma vida de cão. Nasce uma filha e é ainda pior. Quando a esposa percebe que aquela vida é mais do que nunca dor, amargura e desgostos, ela sai de casa para viver com o filho Górgias, nascido do primeiro casamento e que vive em uma pequena propriedade com a qual mal consegue sustentar a si mesmo, sua mãe e um único servo fiel, herdado do pai. É um rapaz que tem mais cérebro do que a sua idade porque a experiência das dificuldades faz crescer. O velho, por outro lado, vive com a filha e uma serva, cavando e recolhendo madeira e detestando a todos, começando pela esposa e pelos vizinhos.[24]

---

24 Menandro, *Dyscolos*, vv. 1–32.

138 Um *spa* para a alma

Mas a irascibilidade do nosso Cnemão, criado pela imaginação de Menandro em 317 a.C., na única comédia dele que chegou até nós quase completa, o *Dyscolos* [O misantropo], é ainda mais provocada pelo amor. Sóstrato, um jovem de boa família, apaixona-se pela filha do rabugento e deseja casar-se com ela. Cnemão não quer nem ouvir falar disso: expulsa o servo de Sóstrato que tenta intermediar, atingindo-o com pedras e peras antes mesmo que possa abrir a boca. A tarefa se mostra mais difícil do que o previsto, e Sóstrato pede ajuda a Górgias, meio-irmão da garota por quem está apaixonado, que decide ajudá-lo convencido pela sinceridade dos sentimentos do pretendente. Agora, porém, também a Τύχη (*Tyche*), a Sorte, aquela parte imponderável que faz parte da vida de todos, desempenha seu papel. Cnemão sofre um acidente, cai num poço em que certamente morreria afogado se não fosse pela intervenção de Sóstrato e Górgias. É o ponto de virada: "O único erro", diz Cnemão uma vez salvo, "talvez tenha sido acreditar que eu era o único autossuficiente [...] nunca teria acreditado que entre todos houvesse uma só pessoa capaz de fazer o bem aos outros". Chegamos ao final feliz: Cnemão adota Górgias e lhe dá a tarefa de encontrar um marido para sua filha, e ele escolherá Sóstrato. Górgias, por sua vez, se casará com a irmã de Sóstrato e a comédia termina com um duplo casamento de que até o rabugento Cnemão participa.

Os ingredientes dessa história são os da comédia grega do século iv a.C. Em comparação com a comédia antiga de Aristófanes, tão fortemente ligada à *pólis*, a de Menandro muda de forma. É nova na forma e na escolha dos temas. É nova na chave de leitura através da qual o homem é observado. Menandro nasceu em Atenas em 342 a.C. e morreu aos cinquenta anos em 292 a.C., afogado, ao que parece, enquanto nadava no Pireu. Foi aluno de Teofrasto, um filósofo aluno do Liceu de Aristóteles, autor dos *Caracteres*, livro que descreve de forma brilhante trinta diferentes tipos de seres humanos, cada um caracterizado por um defeito que se traduz em um comportamento: ser mentiroso, tagarela, desconfiado, descarado e às vezes mal-educado, vaidoso sem se render ao tempo que passa, orgulhoso e avarento; enfim, o livro é um caleidoscópio do caráter dos homens, dos nossos "χαρακτῆρες" (*caracteres*), nossas *impressões*. Únicas, como único é o espírito deste livro. Gosto de pensar que frequentar suas aulas predispôs o olhar de Menandro a observar os homens em uma perspectiva psicológica nova no panorama grego.

Homem culto, fascinante, elegante, teve a sorte de ser mais apreciado após a morte, como aconteceu com Eurípides. Gostaria de poder dizer a ele que um dia se tornaria o modelo fundamental da comédia latina de Plauto e Terêncio, e depois da comédia europeia, e que Goethe o consideraria o único autor comparável a Molière.

Se o teatro antigo coloca em cena diante de nossos olhos personagens vestidos de suas ações, o novo teatro de Menandro coloca diante de nossos olhos pessoas vestidas de sua interioridade. Na trama de suas comédias, jogadas com o entrelaçamento das histórias e as mudanças repentinas, por trás dos velhos ranzinzas, dos jovens abastados, das hetairas, dos escravos e das jovens seduzidas e abandonadas ou em busca de um marido, Menandro retrata a *humanidade*. O protagonista do *Dyscolos*, Cnemão, entende que a "αὐτάρκεια" (*autárkeia*), novamente um "αὐτός" (*autós*) de engenhosidade multifacetada, e a "ἀρχή" (*arché*), que em uma única palavra significa "início" e "comando", ser autossuficiente, pensar

140 Um *spa* para a alma

que nos bastamos a nós mesmos e iludirmo-nos de que nada ao redor nos pode tocar, é um miragem obtusa. Sua desventura de cair em um poço, ser salvo e mudar seu comportamento em relação aos outros é a maneira leve, mas profunda, que Menandro encontrou para entrar em nossa jornada diária e nos colocar diante da dificuldade de lidar diariamente com o nosso "ἦθος" (*éthos*), o nosso modo de ser íntimo, enraizado, e o nosso *daimon*. Diante da experiência de uma dificuldade ou dor, a escolha de Cnemão é habitá-los para transformá-los em uma oportunidade de *mudança*, em vez de rancor. A "μετάνοια" (*metánoia*) é a reavaliação de si mesmo, ir além do próprio "νοῦς" (*nús*), uma ideia inicial para encontrar a si mesmo e aos outros. "Mudança" é a palavra-chave de Menandro.

A comédia de Menandro é nova como sua Atenas, "que é uma cidade nova a cada manhã" e que agora é um pouco nossa também. Conhecemo-la no século v a.C., quando a *pólis* era o baricentro cultural e político. Agora, no século IV a.C., Atenas, de professora da Grécia, tornou-se professora de todos os povos que falam grego. Mas já não é a *Pólis* com "P" maiúsculo; Atenas agora é uma peça de um sistema maior, que abriu suas fronteiras e está-se transformando em uma "κόσμου πόλις" (*kósmou pólis*), uma cidade de um mundo mais amplo em um período de importantes mudanças políticas.

No horizonte, um novo reino estava-se desenhando, o da Macedônia, que Filipe transformara em uma grande potência: aproveitando-se de uma Grécia exausta pela guerra do Peloponeso e por lutas intestinas contínuas e inserindo-se nas dinâmicas fragmentadas e divididas de uma região que havia perdido sua bússola, conseguiu encontrar nos gregos um aliado para derrotar a Pérsia, o inimigo de sempre. Morto em 336 a.C., ele passa seu sonho para

IX. NÓS, VÓS, ELES  141

o filho Alexandre que, como sabemos, à frente de um exército pan-helênico, se torna o monarca absoluto da Grécia à Índia. Quando morreu, em 323 a.C., a independência das *póleis* gregas era apenas uma lembrança.

Com o helenismo, as fronteiras geográficas alargam-se e, quanto mais o horizonte de um homem se torna cosmopolita, mais esse homem sente-se pequeno, sozinho e desorientado, o terreno mais fértil para as transformações. Já está traçado o caminho para uma nova língua: para que os habitantes do império se entendam, é necessária uma língua franca e mais simples, através da qual homens e mulheres que não conhecem bem o grego possam entender-se, falar e conhecer, sem barreiras. "Διάλεκτος" (*diálektos*), "dialeto", o tipo de língua que caracterizava as regiões da Grécia segmentada por aquele "διά" (*diá*) transforma-se gradualmente em "κοινή διάλεκτος" (*koiné diálektos*), "língua comum", "communis" em latim, ligada ao seu *munus*, sua *obrigação intrínseca*, a mesma obrigação do nosso comunicar: a de colocar todos na condição de compreender e se compreender reciprocamente. Mais uma transformação, e certamente não será a última.

Língua e pensamento são uma dupla afinada e indissoluvelmente ligada: quando o mundo grego é forçado a cortar o cordão umbilical com a *pólis*, também é forçado a se abrir a todos os povos que falam e pensam em grego. A *pólis*, força revigorante dos jovens atenienses que eram educados para serem cidadãos livres, ao desaparecer, deixa uma lacuna na sua bússola interior. De futuros cidadãos, os jovens gregos transformam-se em súditos de um império, em busca de uma *pólis* interior, individual, a própria. É então que as filosofias helenísticas se tornam escolas de resiliência, um remédio para os homens dos séculos IV e III a.C., que sozinhos devem

142 Um *spa* para a alma

enfrentar as angústias de todo homem e sair transformados, como Cnemão sai do poço.

Era preciso imaginar também uma nova *paideia*, adequada aos tempos, e Platão, Isócrates e Aristóteles o fizeram, dando impressões pessoais às suas escolas, para que os jovens aristocráticos e suas famílias pudessem escolher o próprio modelo educacional.

Platão, no coração do seu método de ensino na Academia, fundada após 390 a.C., valoriza o diálogo entre o mestre e seus alunos. Ministra suas aulas com jovens que vêm até ele de todas as partes do mundo grego e, num ginásio consagrado às Musas, passeia entre a natureza e as palavras. Lá prepara seus jovens alunos para a futura vida pública através da filosofia, bem como para a vida em comum.

Isócrates abriu sua escola em 390 a.C., que logo se tornou famosa e entrou em concorrência com a de Platão. No centro de seu modelo de *paideia*, substitui a filosofia pelo culto à palavra. A força da retórica, em seu projeto educativo, está no exercício de falar bem, que, simultaneamente, é exercício de melhoria de si mesmo.

Aristóteles, aluno da Academia de Platão, fundou o Liceu em 335 a.C., em um ginásio próximo ao santuário de Apolo Liceio, onde o filósofo gostava de dar aulas em um pórtico coberto, o *perípatos*. "Perípato" é, de fato, o segundo nome do Liceu, onde os alunos viviam juntos, faziam cursos, de manhã dedicados apenas a eles e à tarde abertos a um público mais amplo, e dispunham de uma rica biblioteca. A primeira de que se tenha memória.

Filosofia, política, língua, arte da palavra e escrita: é um mundo inteiro que se está modificando através da difícil mudança de cada mulher e cada homem, em particular dos jovens, que, mais do que os adultos, são o motor de toda verdadeira mudança. Menandro os intercepta e os envolve em sua complexa emotividade, enxergando o seu caráter independentemente do *status* social, como no caso de Davo, o servo de Górgias, ou de qualquer um que tenha "mais cérebro do que a sua idade". A Menandro não importa se alguém é escravo ou cidadão livre: é um homem que vale pelo que tem dentro, porque sabe ser amigo desinteressado de Górgias, por sua vez um jovem rico e urbano que age por verdadeiro amor, a soma de *eros* e *philia*, que não quer nada em troca. Em sua comédia entra a cotidianidade, entram os homens com todas as suas *impressões*, entram os jovens e seu mundo, entra o amor que move e comove, o amor por uma mulher e aquele pelos outros seres humanos; em uma palavra cara a Menandro, a "φιλανθρωπία" (*philanthropía*). Terêncio, um século e meio depois, escreverá: "Homo sum: humani nihil a me alienum puto", que significa: "Ser humano e não considerar nada do que é humano alheio a nós". Talvez uma utopia, mas é o traço que desenha de modo definitivo o Humanismo do século xv d.C., nosso caráter, único e universal. E que para nós hoje pode valer como o primeiro artigo de uma Declaração dos Direitos Humanos *ante litteram*.

~

"Μετά-" é a preposição da esperança. Se "νοέω" (*noéo*), "μορφόω" (*morfóo*), "ἔχω" (*écho*) significam respectivamente "pensar", "ter uma forma" e "ter", as mesmas palavras com "μετά-" tornam-se "mudar de ideia", "de forma" e "tomar parte" em algo junto com outros. Com "μετά-" podemos aprender, juntamente com o grego, a seguir o fluxo da vida e a não aprisioná-lo.

144  Um *spa* para a alma

Uma última página é como um cartão de felicitações, tem o valor afetivo de um *propemptikon*, palavras que os antigos gostavam de dedicar a uma pessoa querida que se afastava, para lhe desejar boa viagem e ventos favoráveis. Meu desejo é que estejamos sempre dispostos a mudar e a buscar o que é diferente de nós, especialmente quando caímos, assim como acontece com Cnemão.

Em uma página maravilhosa das *Metamorfoses* de Ovídio,[25] no tempo do mito, Júpiter e Mercúrio descem à terra vestidos de mendigos e vão à Frígia para testar a hospitalidade de seus habitantes. Batem em mil portas, mas apenas uma se abre, a da casa de Filêmon e Báucis, marido e mulher muito idosos e igualmente pobres e generosos. O velho Filêmon os acomoda e Báucis oferece suas simples refeições e vinho de uma cratera que, prodigiosamente, nunca se esvazia. Os dois então entendem que estão na presença de divindades e, para se desculparem da simplicidade com que os receberam, decidem sacrificar seu único ganso, guardião de sua cabana. Mas Júpiter e Mercúrio impedem-no, revelam-se e dizem que, enquanto todos os cidadãos estão prestes a ser submersos pelas águas, só eles se salvarão, desde que deixem sua casa. Os dois idosos obedecem e, tristes pelo destino de seus concidadãos, sobem com as duas divindades ao monte, de onde veem a região se inundar e sua cabana se transformar em um templo. Então, Júpiter pede ao casal que expresse o desejo mais bonito, e Filêmon e Báucis pedem para serem sacerdotes e guardiães de seu templo e para morrerem ao mesmo tempo, sem que nenhum dos dois sinta a dor lancinante de ver morrer quem ama. E assim foi. Um dia, enquanto vigiavam o templo de que se tornaram guardiães, Filêmon e Báucis se olham

---

25  Ovídio, *Metamorfoses*, VIII, vv. 616–724.

enquanto se cobrem de galhos e folhas, conseguindo despedir-se antes que a casca feche suas bocas. Ainda hoje, os habitantes do lugar veem ali os dois troncos próximos, um carvalho e uma tília, que outrora foram humanos, agora entrelaçados entre si.

"Cura deum di sunt, et qui coluere coluntur", "quem está no coração dos deuses é divino, quem respeitou e honrou é respeitado e honrado".[26]

---

26　Ibid., v. 724.

# Pequeno dicionário de palavras que contam (e confortam)

**A**

*Ambitio,* sonhos e aspirações, ou seja, não podar as asas àquela parte de nós que quer florescer, no respeito ao próximo

*Anaghignoskein,* ler com atenção e reconhecer

*Angulus,* cada um construa o seu

*Aporia,* um caminho sem saída. Quando o encontramos, é para nos pôr à prova

*Applicatio,* aplicar-se e ser aplicado, nosso "app" para nos ativar

*Areté* e *virtus,* a virtude de sermos nós mesmos

*Atarassia, euthymia, tranquillitas,* palavras do nosso equilíbrio

**B**

*Bem-estar,* estar à vontade no corpo e na mente. Portanto, também com os outros. O bem-estar é contagioso

*Benevolentia,* querer o bem de quem se ama

**C**

*Caritas,* o dom gratuito

*Catharsis,* renovação interior

*Charis,* elegância e carisma na base da nossa personalidade

148  Um *spa* para a alma

*Chronos* e *kairós*, o tempo é feito de momentos irrepetíveis

*Comunicar*, o dom e o dever de compartilhar pensamentos e palavras, alinhando língua e mente

*Contemplar*, elevar o olhar para aquilo que sabe despertar admiração e maravilha

*Conversari* e *conversare*, passar tempo precioso com alguém, pessoa ou livro, para redescobrir uma alma antiga (frequentar pessoas ou livros e descobrir nossa alma antiga)

*Cor* e *coragem*, o olhar de quem nos ama

*Cosmeo*, receita de cosmética física e cerebral

*Curare*, ter atenção

**D**

*Decus*, o decoro, os valores que nos distinguem, o lado estético/visível da nossa humanidade

*Deiknumi, digitus* e o sistema digital

*Deinos*, maravilhoso e terrível

*Diligere*, escolher a quem doar o nosso amor

**E**

*Eros*, é a paixão que nos mantém acesos, deve-se preservar sempre

*Ética*, nossa roupa mais preciosa

*Etopeia*, conseguir entrar na pele do outro para falar sobre ele. Modernamente antiga

*Eudaimonia, eunoia, eutuchia, olbios*, declinação da felicidade

**F**

*Fides* e confiança, sem ela nada de autêntico pode existir

# G

*Gymnasion*, academia do corpo e do espírito

# H

*Honor* e *probitas*, as duas faces da honestidade

*Horizonte* e *a-oristo*, o nosso espaço, o que podemos medir e o que podemos estender ao infinito

*Humilis*, próximo da terra e das próprias raízes. Escute e aprenda, saiba que não sabe

*Humores*, somos feitos deles e perturbam o nosso humor.

# I

*Ideia*, a história em quadrinhos mais bela da nossa mente, multiplicável ao infinito

# K

*Kallos*, a beleza, para os gregos um culto, para nós um chamado

*Kalós* e *agathós*, a beleza exterior como reflexo de uma interioridade que cuida de si

*Krinein*, crise, crítica e critério

# M

*Manthanein*, quando entendemos e aprendemos com uma centelha empática

*Meditar* e *medicar*, dois remédios para a alma

*Methodos*, o caminho certo a seguir

## 150 Um *spa* para a alma

**N**

*Negotium*, tudo o que *otium* não é, a vida ativa, o trabalho, com a esperança de que seja um espaço de realização pessoal

*Nulla die sine linea*, exercitemo-nos todos os dias em sermos nós mesmos

**O**

*Otium*, o tempo para cultivar a si mesmo e conceder-se doses de beleza

**P**

*Paideia*, educação à grega

*Pantachú*, em toda parte

*Parresia*, a liberdade de se expressar

*Peithó*, eu te persuado e te seduzo, tu confias em mim

*Philanthropia*, amar tudo o que diz respeito aos seres humanos, a raiz do Humanismo

*Philia* e a raiz de "phil-", o jardim misterioso da amizade

*Phronein*, quando estamos alinhados com a cabeça e com o coração. Só então somos sábios

*Poroso*, cheio de portas

*Prudentia*, a sabedoria de prever as consequências de nossas ações

*Psyche*, alma e *ánemos*, nossa respiração/sopro vital

**R**

*Resilire* e resiliência, escudo e recurso

*Respectus*, se não houver, é desatenção

## S

*Serendipidade*, a felicidade do inesperado

*Scholé*, quando a escola é um lugar de bem-estar

*Symbolos*, a outra metade que nos representa e nos completa

*Stupeo*, atordoado pela força da beleza

*Sublime*, o senso de vertigem que sentimos diante da beleza da arte

## T

*Techne* e *ars*, a capacidade do homem de criar com suas próprias mãos e mente

*Teatro grego* e *ágora*, escolas ao ar livre

*Timé*, a consideração com que somos vistos, o espelho em que nos olhamos por ter seguido virtudes e valores em que acreditamos

*Tradere*, traduzir, trair ou transmitir; de qualquer forma, academia dos nossos pensamentos

*Tras-curo*, preocupo-me com tudo menos com aquilo que amo ou deveria amar

## V

*Ventosi*, irrequietos como o vento

*Vindicare*, reivindicar com coragem, sempre, o tempo para si. Por onde começar? Daqui, hoje, agora

## X

*Xenos*, de hóspede a estrangeiro, culturas e línguas que se entrelaçam

## Y

*Yghieia*, higiene e saúde

# Bibliografia

Ἦθος ἀνθρώπῳ δαίμων.
*O destino do homem está na sua índole natural.*

— Heráclito

Nestas páginas estão reunidos os frutos das minhas reflexões sobre o ensino dos clássicos, ou melhor, os frutos de como imaginei os caminhos para que os clássicos entrassem na vida dos meus alunos pela porta da paixão. Olho com ternura para a professora de vinte e cinco anos que pela primeira vez, num 28 de maio, atravessou a porta de uma sala de aula: os óculos e o rabo de cavalo eram o escudo de (aparente) severidade que protegia o terror de ser suplente no final de um ano letivo. Esperava um círculo do inferno, abriu-se diante de mim o caminho de um idílio, o meu *daimon*. Encontrá-lo traz felicidade, agora sabemos. Muitos anos se passaram, ainda sou filha, tornei-me esposa e mãe, enriqueci minha vida com viagens, livros, lutos, encontros, responsabilidades e curiosidade. *Homo sum: humani nihil a me alienum puto,* "sou um ser humano: nada do que diz respeito ao homem me pode ser alheio". É o que escreve Terêncio em sua comédia *Heautontimorúmenos,* e nós assinamos embaixo, porque o que nos enriquece, enriquece quem está ao nosso redor e o que fazemos. É a propriedade transitiva da vida. É a principal fonte bibliográfica deste livro e assumo plenamente a responsabilidade por isso, desculpando-me desde já caso tenha entendido mal, omitido ou personalizado algo.

## 154 Um *spa* para a alma

## LEITURAS FUNDAMENTAIS

BARTHES, Roland. *La retorica antica*. Milano: Bompiani, 1972.

BENVENISTE, Émile. *Vocabolario delle istituzioni indoeuropee*. Torino: Einaudi, 1976, vol. I–II.

CARCOPINO, Jérôme. *La vita quotidiana a Roma*. Bari-Roma: Laterza, 1999.

CHANTRAINE, Pierre. *Dictionnaire étymologique de la langue grecque*. Paris : Klincksieck, 1977.

DUBY, Georges; PERROT, Michelle. *Storia delle donne in Occidente: L'antichità*. Bari-Roma: Laterza, 1994, vol. I.

*Enciclopedia dell'Antichità classica*. Milano: Jaca Book, 1993.

FOUCAULT, Michel. *La cura di sé*. Milano: Feltrinelli, 1984.

HADOT, Pierre. *Esercizi spirituali e filosofia antica*. Torino: Einaudi, 1988.

MEILLET, Antoine. *Lineamenti di storia della lingua greca*. Torino: Einaudi, 1976.

SNELL, Bruno. *La cultura greca e le origini del pensiero europeo*. Torino: Einaudi, 1963.

UGOLINI, Gherardo. *Lexis. Lessico per radici della lingua greca*. Bergamo: Atlas, 1992.

## TEXTOS GREGOS E LATINOS

Anônimo. *Il Sublime*, trad. por G. Guidorizzi. Milano: Mondadori, 1991.

CICERONE. *De amicitia*, trad. por C. Saggio. Milano: Rizzoli, 2012.

*Dell'oratore*, trad. por M. Martina; M. Ogrin; I. Torzi; G. Cetuzzi. Milano: Rizzoli, 1994.

ESCHILO. *Prometeo incatenato*, trad. por E. Mandruzzato. Milano: Rizzoli, 2012.

EURIPIDE. *Alcesti*, trad. por G. Paduano. Milano: Rizzoli, 2012.

GALENO. *La dieta dimagrante*, trad. por N. Marinone. Torino: Paravia, 1973.

HOMERO. *Iliade*, trad. por R. Calzecchi Onesti. Torino: Einaudi, 1990.

MENANDRO. *Commedie*, trad. por G. Paduano. Milano: Mondadori, 1980.

OVIDIO. *Metamorfosi*, trad. por G. Chiarini. Milano: Mondadori, 2011, vol. IV.

QUINTILIANO. *Institutio Oratoria*, trad. por R. Faranda; P. Pecchiura. Torino: UTET, 1979.

SENECA. *Lettere a Lucilio*, trad. por C. Barone. Milano: Garzanti, 1989.

SOFOCLE. *Antigone*, trad. por R. Cantarella. Milano: Mondadori, 1991.

# Agradecimentos

Estava ansiosa para escrever esta página, mal podia esperar para dizer todos os meus "obrigados".

E então, aqui estamos. Obrigada à fonte de tudo, minha família. A Francesca (um nome lindo, pena que todos a chamem de Franca, minha mãe), Angelo, Emanuele, Giacomo e Tommaso. São meus pontos de referência, meu equilíbrio e minha força. Não tenho irmãos, mas tenho Raffaella, Kiki, Illa, Micol, Lella, Rose, Elisabetta, Sylvia & Ambrogio, Alessandro, Maurizio. E (espero) para sempre.

Obrigada a Maria Cristina Olati, encontro especial, em frente a um café em Roma, onde minha ideia de um livro feito de amor pelos clássicos se vestiu da sua confiança e colaboração (e obrigada à minha amiga Daniela que me acompanhou ao encontro de moto, debaixo de uma chuva torrencial).

Agradeço à editora Mondadori por acreditar no projeto, e em particular a Francesco Anzelmo e Igor Pagani.

Um grande agradecimento a Marzia Mortarino pelo cuidado editorial pontual, culto e refinado como ela, e a Raffaella Casiraghi, minha ex-aluna: há também seu olhar inteligente na leitura das provas deste livro, uma surpresa do destino.

É impossível multiplicar com precisão numérica os agradecimentos a todos os alunos que conheci desde aquele 28 de maio de 1991 até hoje, meu abraço energético dará perfeitamente a ideia do meu afeto por quem não paro de encontrar, às vezes adulto e às vezes pai/mãe. Junto com eles, obrigada aos colegas e ao Collegio San Carlo de Milão, onde cresço todos os dias, e ao Liceo Dehon de Monza, que faz parte de mim.

Obrigada a Alessandro D'Avenia, amigo doce e treinador de entusiasmo.

Um obrigado especial a Ferruccio de Bortoli pela confiança e pelos debates sempre preciosíssimos.

Obrigada a Stefano Venturi e Enrico Martines; com eles também tive conversas brilhantes sobre o sentido dos clássicos na vida cotidiana.

Obrigada a Luca Pignatelli, que me presenteou com um pedaço de sua beleza para a capa deste livro.

Obrigada a Laura, seus *e-mails* genoveses são como as listas de verbos gregos que ela nos escrevia à mão: cheios de amor.

Obrigada a você, Lucia Clerici Zuccoli, e a você, Enrico Aonzo, amigos de incomparável sabedoria e cultura. Sinto falta dos seus jantares e das nossas conversas gregas, destilados de vida vivida. Vocês não estão mais aqui apenas fisicamente.

Este livro acaba de imprimir-se
para a Quadrante Editora
no ano de 2025.

**OMNIA IN BONUM**